U0728604

图书在版编目（CIP）数据

匠人匠心：愚直的坚持 /（日）稻盛和夫，（日）山中伸弥著；窦少杰译．—北京：机械工业出版社，2016.7（2025.12 重印）

ISBN 978-7-111-54296-4

I. 匠… II. ①稻… ②山… ③窦… III. 企业管理 IV. F270

中国版本图书馆 CIP 数据核字（2016）第 161452 号

北京市版权局著作权合同登记 图字：01-2016-3973 号。

匠人匠心：愚直的坚持

出版发行：机械工业出版社（北京市西城区百万庄大街 22 号 邮政编码：100037）
责任编辑：董凤凤
责任校对：董纪丽
印 刷：北京盛通数码印刷有限公司
版 次：2025 年 12 月第 1 版第 17 次印刷
开 本：147mm × 210mm 1/32
印 张：7.625
书 号：ISBN 978-7-111-54296-4
定 价：59.00 元

客服电话：（010）88361066 68326294

匠人匠心

愚直的坚持

賢く生きるより
辛抱強いバカになれ

[日]稻盛和夫 山中伸弥 著
窦少杰 译

机械工业出版社
CHINA MACHINE PRESS

前言

第一次见到京瓷公司的名誉会长稻盛和夫先生（稻盛财团理事长），是在2004年。当时，我还只是一个无名的学者。因为荣幸地成为稻盛财团研究经费的50名获得者之一，我受邀参加了研究经费的颁发仪式。创立了京瓷公司和第二电电（KDDI）公司这两家大企业的稻盛先生，对我们这些年轻的学者来讲是神一样的存在。而当时他却跟我们50个人的每个人都握手，并鼓励我们加油努力，当时的感动让我到现在依然记忆犹新。

第二次见到稻盛先生，是在2010年秋天，我获得稻盛财团的京都先端技术部门奖的时候。在京都奖活动周的那几天，我非常荣幸地得到了好几次坐在稻盛先生旁边的机会。虽然稻盛先生非常亲切，但由于我总是太紧张，以至于每次都痛失跟稻盛先生好好谈话的良机。

而也就是在那一年，稻盛先生就任了日本航空（JAL）的最高指挥者（代表董事会长）。他用了极短的时间成功地完成了日航的重建。不仅仅是在日本国内，在包括中国在内的海外，无论是在政界还是在财界，稻盛先生都被作为“经营之圣”而被崇拜。而对我个人来讲，稻盛先生就更是仰望的对象了。这次为了本书的出版，我又获得了与稻盛先生单独进行谈话的宝贵机会，而这整个过程，我就像是在梦境中一样。

自从 2006 年成功开发出了 iPS 细胞，我感觉我的工作性质和角色似乎发生了巨大的变化。之前是作为一个学者进行科学研究，做出研究成果是我的工作。至于这些成果能否真正对社会有用，对我而言几乎可以说是未知的。如今，自从成功开发出了 iPS 细胞技术，研究如何才能将此技术应用到具体医疗当中就成了我研究工作的具体目标。只是靠自己的小团队，或只是靠几个学者，想要实现这个目标可以说是不可能的。就像是拼图，需要各种各样形状的图片，学者当然很重要，临床医学、知识产权、制度规定、产学研联合、伦理、广告宣传、资金获得等，各方面的专家都是不可或缺的。只是将各种信息收集过来也是不够的，还需要将每一个信息放到它应该在的位置上。因此，对于以前仅是个学者的我来讲，这是一个巨大的挑战。

这次，在如何实现医学应用方面总是抱有很多烦恼和困惑的我，能够有幸直接面对作为一个经营者进行了无数困难的判断和正确决断的稻盛先生，并向他请教，这真是一个难得的机会。通过这次对谈，作为正跟多数同事一起朝着“将 iPS 细胞技术应用于医疗现场”这座高山迈进的我，获得了很多宝贵的教诲和勇气，也给了让我深度思考应当如何做人的机会。

稻盛先生跟我那早已过世的父亲是同时代的人。虽然不能跟稻盛先生相提并论，但我的父亲以前也是个企业经营者。之前每当在工作上遇到挫折的时候，我的内心总是渴望能从父亲那里得到一些建议和启发。而在这次对谈当中，我之前的这种渴望似乎得到了满足。将本书拿在手里的朋友，如果你能够从我们的对谈中获得一些企业经营或是事业、人生等方面的收获，那将是我至高无上的荣幸。

最后，我想在此衷心感谢赐给我如此宝贵机会的公益财团法人稻盛财团、京瓷株式会社、株式会社朝日新闻出版社，以及其中的每一个人。

山中伸弥

2014 年 8 月

目录

2010年京都奖晚餐会上谈笑风生的稻盛和夫和山中伸弥。

导论

获得京都奖4年之后的再会

:: 重复多次的失败，得不到预期的结果，有时候却能有意料之外的收获。

被誉为日本版诺贝尔奖的京都奖

山中：好久不见。您那么忙，今天能荣幸得到与您见面并交谈的机会，真是太感恩了。

稻盛：我也一直期待着与山中老师的这次对谈。托您的福，在2013年3月我顺利地从JAL董事长的位置上退了下来，比起以前，我现在清闲了很多。在家的时候我基本上什么都不干，就是个无趣的人。能够这样与山中老师轻松地聊天，这是在2010年京都奖（主办单位稻盛财团）之后的第一次吧。

山中：是的。2010年，“研制人工多能性干细胞（iPS细胞）技术的开发”这个课题使我荣幸地获得了京都奖的“先端技术部门奖”。有幸与您交谈，这是从那之后的第一次。2014年的京都奖似乎是值得纪念的30周年吧。

稻盛：是啊。在包括稻盛财团的名誉总裁高円宫妃久子殿下在内的众多朋友的支持下，京都奖迎来了值得纪念的30周年。京都奖是基于为人类、为社会做贡献，是一个人最高的境界，这是我自己一直以来所抱有的人生观。它是为了表彰那些投入毕生精力和心血不断努力为人类社会的发展做出积极贡献的学者与艺术家，在1984年的时候我创设了这个奖项。如今这个奖已经发展成为仅次于诺贝尔奖的国际奖项，并被誉为“日本版诺贝尔奖”，这远远超过了我当时创设这个奖时候的预期。

山中：您可能不记得，其实我第一次见到您，是在我获得“京都奖”的 6 年前（2004 年）。当时从稻盛财团，我获得了研究经费。

稻盛：是嘛。那是稻盛财团的一个针对国内年轻学者的拥有独创性优秀研究课题的赞助事业，每年会支付给选出的 50 个人每人 100 万日元作为研究经费。

山中：在颁发仪式上，您与我们 50 个人中的每一个人都握手并鼓励说“要加油啊”，当时让我受宠若惊。还记得您当时在颁发仪式上发言时说：“希望你们好好利用这些研究经费，努力做好你们的研究，并在不久的将来获得京都奖或诺贝尔奖。”

稻盛：所以您把它变成了现实，这真是让人兴奋。那个时候，您已经开始了 iPS 细胞的研究，或者说已经有了这个研究课题的大致框架了吗？

山中：是的，当时获得研究经费的时候，我在奈良先端科学技术大学院大学的基因教育研究中心工作。当时第一次有了自己的研究室，在那里我开始了与 iPS 细胞相关的研究课题，具体来说就是从 ES 细胞（胚胎性干细胞）中寻找特殊基因的研究。

稻盛：最初您也是从 ES 细胞的研究入手的啊。

山中：实际上从最初到发现 iPS 细胞，我在研究上经历了很多波折。在进行血液胆固醇研究的时候，一不小心发现了与癌症发病相关的新基因，而在研究这个基因的时候，又发现实际上这个新的基因是当时被称为万能细胞的 ES 细胞的一个重要的基因。之后我对这样的意外结果产生了浓厚的兴趣，并不断地去进行研究，最后竟然成功开发了 iPS 细胞的技术。就是这么一个过程。当时得到研究经费的时候，我正在拼命寻找与细胞核初始化有关的基因，而那个时候我完全不知道自己的研究最后能得到什么样的结果。

稻盛：原来是这样。不过对于万能细胞，越想越觉得不可思议。我们的身体是从受精卵开始不断分裂繁殖而成形的，而在这些细胞不断分裂的时候，在应该长鼻子的地方细胞会形成鼻子的形状，在应该长眼睛的地方细胞会形成视网膜，这到底是为什么才会这样的呢？

山中：这是在生物学上持续了 100 年以上大争论的问题。现在也只是解开了其中的一部分。我们的身体大约由 60 兆个、200 种以上的细胞构成。这些细胞都是由一个受精卵开始生成的，所以受精卵里面一开始就存有我们身体所有的设计图。

稻盛：也就是人体的设计图吧？

山中：是的。对细胞来讲设计图就是基因。人体的基因约有 3 万种，设计图也差不多有 23 卷、30 亿个字，这是一个十分庞大的数据库。实际上在几十年前，我们还都认为只有与生殖有关的卵子和精子的细胞才带有人体所有的设计图，而其他细胞只带有所需要的信息。比如，血液细胞只带有成为血液的设计图，皮肤细胞只带有成为皮肤细胞的设计图。然而现在看来，那是错误的，不论是什么细胞，都带有人体整套的设计图。

稻盛：所有的细胞都带有人体整套的设计图。如果真是这样的话，那就更不可思议了啊。

山中：是啊。那么为什么带有同样的设计图，有的细胞形成了皮肤，有的细胞却形成了血液呢？实际上在每个细胞里面，都会有一种像拥有标签功能的蛋白质首先被生产出来。这个标签会标示出这本 30 亿字厚书的某一页。因为有了这个标签，各个细胞就只需要将带有标签的那一页打开读一下就好。也就是说，虽然每个细胞都带有同样的设计图，但因为各自所读的部分根据标签标示的内容不一样而不一样，因此它们会最终形成不同的细胞。

稻盛：那为什么它们会根据人体部位的不同而读不同的页数呢？比如说本来应该形成鼻子，却一不小心形成了耳朵的样子，这样的细胞应该是不存在的，对吧？

山中：关于这个谜，我们还没有完全解开。受精卵本身其实是没有标签的，但它由 1 个变成 2 个、2 个变成 4 个这样进行细胞分裂，在这个时候还完全没有标签诞生。但从 4 个变成 8 个、8 个变成 16 个的时候，就会在稍微不同的地方出现不同的标签。也就是说，从这个时候就开始确定各个不同的分裂方向，比如朝着血液方向发展的细胞在分裂的时候，就会有更加详细的标签被插进来，比如形成红血球，或者形成淋巴球等。就这样，逐渐地、分阶段地，标签就逐渐地被插入进来。

稻盛：太神秘了。

山中：实际上，插入标签的这个说法最先提出来的，是 2000 年获得京都奖的基础科学部门奖的 Walter Jakob Gehring 博士。

Walter Jakob Gehring 博士（稻盛财团提供）。

稻盛：Gehring 博士，应该是利用黑腹果蝇做实验的那个老师吧。

山中：是的。他利用黑腹果蝇，将形成眼睛所需要的标签放进了触角的地方。结果，仅仅放进了一枚标签，本来应该生成触角的地方却长出了眼睛。这就完全证明了细胞拥有着同样的设计图，但因为它们的标签不一样，所以细胞的性质也会发生变化。

稻盛：的确是这样。

山中：所以在了解到这个研究成果后，我就建立了自己的假设：不论是皮肤细胞还是ES细胞，它们都有相同的设计图，如果它们的不同是因为带有不同的“标签”，那么假设我们能找到ES细胞的“标签”，并把它放进皮肤细胞里面，就像刚才说的，在触角细胞那里生出眼睛细胞一样，从皮肤细胞中也应该能够生成与ES细胞类似的细胞。从那之后，我就开始和研究室里的同事一起，努力地寻找ES细胞里的那个“标签”。从稻盛财团获得研究经费的时候，我们正好在努力地推进这个课题。

被实验的不可思议性和趣味性倾倒

稻盛：我本来也是个搞技术的，年轻的时候也是在陶瓷材料上没日没夜地努力过。当时也有过为了搞研究，进行产品研发，把锅碗瓢盆都带到研究室里去，吃住都在研究室里的时期。那个时候我经常会想到，有时做实验的时候，即使实验者本人都无法注意到的非常微妙的东西，却往往会左右整个实验的方向和结果。比如2014年理化学研究所（理研）的小保方晴子的STAP细胞问题，当时的确引起了很大的震撼。关于 STAP 细胞，我是个门外汉，所以完全不了解。但如果限定于实验的再现性，那难度，或者说是微妙的地方，我觉得似乎能够理解。

山中：稻盛先生以前也是技术研发人员啊。

稻盛：是啊。比如京瓷公司在海外市场份额不断扩大的一个产品是打印机（多功能打印机）。作为京瓷来讲，进入打印机领域时期其实是比较晚的，但我们还是获得了比较大的市场份额，个中缘由，就是我们产品的耐久性非常强，可以说是出类拔萃。即便是打印 30 万到 60 万张，感光体都不会磨损。这是因为我们使用了一种硬度非常高的特殊硅材料——非晶硅制作感光体。在制作感光体方面，这种非晶硅是非常优秀的材料，当时我们发现了它的这种特质，为了将其产品化就进行了大量的研究开发。但我们在研发阶段可以说受尽了苦难。可能说得太专业的话会比较难懂，也就是说在铝制素管的表面充入甲硅烷这种硅质瓦斯，并让其进行辉光放电。这样一来甲硅烷就会被分解，这个时候不断转动铝制素管，让硅质均匀地附着到素管上，这样非晶硅感光体就做成了。开始的时候进行了几次实验，结果只成功地制成了一根，把它装到复印机上能够很清晰地复印材料。成功啦！就在我们兴奋地大叫之后，无论我们再怎么实验，再怎么努力，我们在之后的一段时间里都没有成功地实现再现。我们觉得是在完全相同的条件下进行的，但无论怎样我们都没有再取得成功。

山中：这一点我非常理解。

稻盛：当初，我们让在鹿儿岛的一个研究所做这个实验，有一天我在半夜里去看他们的实验进展情况，结果发现他们一边进行实验一边睡觉。的确，是因为他们都是在通宵达旦地努力。但当时我非常气愤，就骂了他们一通，而且把这个研究团队解散了，把装置设备什么的都转移到滋贺的工厂，然后成立了新的研发团队，从头开始进行实验。记得当时我跟他们说，不能只是把成功时候的物理条件进行再现，还要把成功当时的心理精神状态也进行再现，气温、湿度、时间等物理条件都好说，比如说前一天遇到什么事情，自己的心理状态是什么样的，在什么样的精神状态下进行的实验，把这些全都实现再现的条件下再来进行实验。

山中：那可真是很难做到。那么在滋贺的工厂里成功了吗？

稻盛：成功了。成功地实现了一次再现之后，竟然连续成功了。所以说事情就是这样有趣，那么难的一项实验，只要能成功地实现一次再现，之后就会变得非常简单，谁来操作都能成功。技术可能都是这样吧。

山中：在我的研究所里，我也总是对包括学生在内的所有学者进行如何记录实验笔记的辅导和教育。天气啊，温度啊，我要求他们只要能记录的东西全都记下来。

稻盛：天气也非常有必要呢。

山中：但即便是这样，还是会发生成功一次却无法再现第二次的情况。遇到这种情况的时候，就需要考虑后面的再现过程跟那次成功相比，存在哪些不同。而人的记忆总是会很快就忘记，所以想要验证有哪些不同，那就只能靠检查实验笔记了。为什么现在不行了，为什么之前成功了。这个时候如果实验笔记记得比较详细的话，很多时候就会发现问题的所在。

稻盛：的确是这样。

iPS 细胞也有误算

山中：实际上，iPS 细胞也发生过这样的情况。iPS 细胞是将分化后的细胞里面放入四个基因让它发生初始化，从而得到能够生成各种各样细胞的万能细胞。进行这个实验的时候，当时负责实施实验的不是我，而是从奈良先端科学技术大学院大学时代就在一起进行各种研究的当时的研究员高桥君。高桥君的实验，是将四个基因放入皮肤细胞里进行初始化之后，形成 iPS 细胞。而且在这个实验里，一定是要放入四个基因，少任何一个都不行。所以他就将这个研究成果写成论文发表了。然而，完全相同的实验，换了一个人，当时我们研究室里的助理教授中川老师也试了一下，结果只放入三个基因就成功了。

稻盛：哦。

山中：这下可麻烦了。当时我就跟研究所的同事说，这如果是被别人指出来的话，那可就真是太丢人了，我们内部马上进行彻底的验证，如果真的是三个基因就可以，那就需要马上进行报告。之后高桥和中川两个人就对实验笔记进行了彻底的对照和分析，查看实验的每一个步骤，看看在哪些地方有什么样的差异。

稻盛：找到什么不同点了吗？

山中：是的，唯一找到的不同点，就是一种药水的投入时间，高桥君是在一个星期之后投入的，而中川老师是在两个星期之后投入的，中川老师的投入时间比高桥君的延长了一周。其他地方，无论怎么对照实验笔记，基本上都没有发现什么大的差别。后来就让高桥君也等了两个星期之后再投入那种药水，结果还真是只需要三个基因就制成了 iPS 细胞。

稻盛：那么为什么等的时间延长到两个星期，就只需要三个基因了呢？这里的原因查清楚了吗？

山中：是的，那种药水是用来选出 iPS 细胞用的药水，选择的开始时间如果被推迟了的话，三个基因就真的可以了。只是放入三个基因的话，要生成 iPS 细胞则需要多花一些时间，而这个时候如果药水的投入时间过早，选择的开始时间提早太多的话，细胞就会死掉。

稻盛：所以说不论是多么琐碎的事情，都要认真地记入实验笔记，这是非常重要的。

山中：平时养成记录笔记的习惯非常重要，不能用活页纸，也不能用铅笔，如果觉得写错了要擦掉的话，也不能擦得干干净净，而是要在上面画上叉号，为的是日后能够知道自己当时写的是什么。而刚刚说的这两个人的实验笔记，是因为等待的天数不一样，这其实相对来讲还是比较容易发现的。

稻盛：的确是这样，做实验会遇到太多的不可思议，而这也恰恰让实验变得非常有意思。成功了一次，不代表就能成功第二次。相反，做了很多次都没能成功的实验，只要有一次能成功，以后不论是谁操作却又都能成功。这也许就是实验本身的特质吧。也许，实验者本人都没有注意到的非常微妙的东西，比如当时的手感，或者是一念之差，也或者是当时的心理状态，这些微妙的东西都可能影响实验的结果。

山中：技术员在实验的时候因为步骤顺序错了，却获得了诺贝尔奖，这种事情都实实在在地存在呢。

稻盛：哦，那真是太有趣了。

山中：1998 年的诺贝尔医学生理学奖的获得者是美国科学家罗伯特·佛契哥特（Robert Francis Furchgott）博士。他因为发现了可以让血管松弛的物质（endothelium-derived relaxing factor，EDRF）而获得了诺贝尔奖。但实际上这个发现的过程是非常有趣的。您也知道血管本身就是能够伸缩的肌肉。血管是肌肉，这应该是很早之前就被证实了的事情。但实际上，血管不仅仅是肌肉，它的内侧，就是流淌着血液的那一面，有着一层非常薄的细胞壁。这些薄薄的细胞被称为“内皮细胞”，正是这些内皮细胞能够产生出可以让血管松弛的物质。佛契哥特博士发现了这个现象，因此获得了诺贝尔奖。他之所以能够有这个发现，是因为医学界已经证明向动物的血管里投入某种药水，血管就可以扩张，而这种药水就是能让血管扩张的药水，也就是我们所说的降压药。另外，如果向从动物体内摘取下来的血管里投入这种药水的话，血管不但不会扩张反而会收缩，会出现完全相反的现象，这在当时也是已经被证明了的。但有一天，一个技术员按照同样的方法向从动物体内摘取下来的血管里投入了那种药水，却得出了血管扩张的结果。佛契哥特博士就仔细地询问了那个技术员整个实验过程，结果发现是技术员没有按照博士的指示，忘记进行将血管洗净这一个步骤。于是佛契哥特博士就深度地研究了这里面的原因。实际上在对摘取下来的血管进行实验的时候，如果血管受伤了那它就会收缩，而如果血管没有受伤那它就会扩张。如果是普通人的话，那可能就是“哦，这是因为这个技术员没有按照规定的步骤进行实验，没有对血管进行清洗，所以会出现这种奇怪的结果”，然后就这样结束了。而佛契哥特博士的伟大之处，就是他想到了“不，这应该不仅仅是因为这个技术员的不注意，里面肯定有其他的原因”。

稻盛：这的确很了不起。

山中：从那开始他进行了各种各样的研究和实验，最终就有了血管的内皮细胞在不断地制造着能够让血管松弛的物质这个世纪大发现。在进行试验的时候血管受伤了，也就是说内皮细胞被清洗掉了。换句话说，并不是投入的药水直接让血管扩张了，而是这些药水刺激了内皮细胞，内皮细胞分泌出了让血管扩张的物质。而血管的肌肉如果直接接触了药水，那血管就会进行收缩。就这样，佛契哥特博士获得了诺贝尔奖。

稻盛：所谓的世纪大发现，看来，也就是这样啊（笑）。

京都奖 30 周年

山中：不断地重复着失败，得到了预想之外的实验结果，或许真的会有意外的收获。这也是很有趣的。实际上我研发 iPS 细胞的过程中也有类似的经历。也托 iPS 细胞的福，我获得了京都奖。听说京都奖在 2014 年正好是 30 周年，30 年前的京瓷公司，已经是一家规模很大的企业了吗？

稻盛：不，当时的京瓷应该只能算是一家中坚企业。可能一年的销售额当时只有 3200 亿日元吧。从 1959 年，27 岁的我创立京瓷到那个时候正好过了 25 年，绩效稳步提升，股票也实现了上市，公司发展成了一家优良的企业。

山中：原来如此。

稻盛：当时我设立京都奖的直接原因是在 1981 年的时候，因为成功开发了精密陶瓷，我获得了“伴纪念奖”。伴纪念奖是东京理科大学的教授、已经过世了的伴五纪老师为了表彰在技术创新领域做出巨大贡献的人而设立的奖项。当时我从伴老师那里得到通知，说是因为我开发了精密陶瓷技术，为精密陶瓷技术的发展做出了贡献，所以想颁发个奖给我。当时因为得奖的机会本身并不多，所以我非常高兴地就去参加了颁奖仪式。可当我第一次见到伴老师，突然就觉得自己羞愧无比。伴纪念奖，是伴老师用他自己的研究成果获得的专利使用费创设的奖项，是个个人运营的表彰事业。大学的一个教授，就是因为想表彰在技术研发上做出突出贡献的人而设立了这个奖，而我作为一家上市公司的社长，却非常兴奋地去拿这个奖。想到这里，我当时就羞愧得无地自容，觉得非常抱歉。觉得自己不应该是来拿奖的人，而应该是来设立奖项、颁发奖项的人。

山中：所以您就设立了京都奖？

稻盛：是的。当时我跟几个非常要好的京都大学的老师说了我的想法，征求他们的建议之后，最后就想，既然决定要做，那就做一个能与诺贝尔奖相提并论的国际奖项。我就拿出了个人持有的京瓷公司的股票和现金存款，当时共 200 亿日元（现在价值约 850 亿日元），创立了稻盛财团。

山中：那为什么会取名叫作“京都奖”呢？

稻盛：当时京都大学的老师提议说取名为“稻盛奖”，但后来我想了一下，觉得既然要做一个国际奖项，那还是用一个比较容易懂的名称会比较好，而且又想对地域社会有所贡献，最终就决定用“京都奖”了。京都奖有两个比较大的特色。奖项共设有“先端技术部门”“基础科学部门”“思想艺术部门”三个部门，其中“先端技术部门”是表彰优秀的应用技术的，诺贝尔奖里面没有表彰应用技术的奖项。还有就是“思想艺术部门”是表彰那些在思想或艺术方面为人类社会做出巨大贡献的人的奖项，也是我认为不可或缺的一个奖项。因为我相信我们人类的未来，只有在科技的发展和人类精神的深化这两方面取得平衡的基础上才能够实现安定，并不断发展。就像不论什么事物都分阴和阳、明和暗，我们的世界也有正面和负面。这两方面只有在实现平衡的基础上，我们整体的发展才能真正实现安定，而相反，片面的发展，最终会让宇宙失去平衡，自然而然地对我们人类来说，就是不幸和灾难。所以我想，要在促进科学技术发展的同时，也要表彰那些推动人类精神文明高度发展的人和活动。现在，这个部门的存在已经成为京都奖的一个巨大的特色。

山中：作为一个受奖者，我深深地感觉到京都奖具有非常特别的分量。记得在获得京都奖的时候，我的感受就是觉得这个奖似乎跟其他的奖不同，有强烈的责任感。在那之前我也得过几个奖，都是一些科学技术和发现的奖项。当然京都奖肯定了我对科学技术的贡献，但这个奖的背后蕴藏着一种沉重的精神层面上的东西，所以当时我就在想我是不是真有资格获得这个奖。

稻盛：山中老师在人格上当然也是受之无愧的。记得 2010 年在颁奖仪式上见到您的时候，因为觉得您特别年轻，这让我非常吃惊。经过谈话之后，我也感觉到您的确是一位非常了不起的人才。到现在为止，京都奖已经迎来了 96 个个人和 1 个团体的获奖者。日本人获奖者，有电影导演黑泽明、文乐的人间国宝吉田玉男先生、歌舞伎演员坂东玉三郎先生等。在“先端技术部门”“基础科学部门”，有山中老师在内的 6 名获奖者在获得京都奖之后又获得了诺贝尔奖。这真是让人兴奋无比的事情。30 年来，京都奖无私忘我地坚持走了下来。现在想想，将这个表彰事业坚持下来真的是太好了。

在松风工业专心进行实验的稻盛先生。

第1章

原点是父亲的工厂

:: 来自母亲的教导：失败的责任在自己，成功的功劳在他人。

对曾是技术人员的父亲的崇拜

稻盛：我想问一下，山中老师选择走上学者的道路，当初是怎么想的呢？

山中：我其实本来并不是一开始就想成为学者，而是想成为一名临床医生。实际上，我从神户大学的医学部毕业之后，还在国立大阪病院的整形外科做了两年的研修医生。实际做了才感觉到，自己可能不适合做整形外科医生，于是在中途改行转向做基础研究。最初立志成为医生，那是因为我父亲的建议。

稻盛：您的父亲以前是医生吗？

山中：父亲以前在东大阪经营了一个生产缝纫机零部件的小作坊。最初是我祖父在大阪的一个叫作京桥的地方创办了生产缝纫机零部件的公司，叫作山中制作所。我只看过一张那时候的照片，看上去是家挺大的工厂，应该说我祖父在企业经营上取得了一定的成功吧。不过他在 48 岁的时候就去世了。

稻盛：这么年轻就去世了啊。

山中：祖父去世的时候，我的父亲还是同志社大学工学部的学生，很年轻，而且当时战争结束没多久，所以山中制作所就这样倒闭了。后来，父亲自己开设了一家生产缝纫机的一个小零件的工厂，从我有记忆的时候开始就已经住在东大阪那家工厂旁边的家里了。

稻盛：东大阪啊。您从小就在日本的制造业中心地长大的啊。

山中：可以这么说。东大阪这个地方聚集了很多技术力量非常雄厚的小工厂。我父亲的那个说是工厂，其实算上打零工的人在内一共也就是十几个人的小作坊，因此我的母亲也经常会到工厂里帮忙。而家里只有我和姐姐两个孩子，因此基本上没有人管我们，我们就是当时很常见的带着家门钥匙的孩子，就这么长大了。当然，对于我这种非常喜欢拆解东西、喜欢做实验的小孩子来讲，那样的家庭教育环境是最合适不过的了。

稻盛：是嘛。

山中：是的。比起捉虫子，我更喜欢把收音机和钟表拆了之后再组装起来，那样更有趣。当然还是不能按照原样安装回去的时候多，所以也经常被父母骂（笑）。很喜欢做实验，记得有一次，一本小孩子用的学习杂志中附带着一盏酒精灯，我拿着那盏酒精灯做实验，结果把家里电热桌上的棉被烧掉了，被父亲狠狠地骂了一通。

稻盛：即便是被骂也还是想再试试。这估计也是因为遗传基因吧。

山中：我也这么觉得。我非常尊敬我的父亲。他虽然是一个经营者，但我觉得他技术人员的那一面更让我印象深刻。虽然当时加工的只是缝纫机的一个很小的零件，但他都是自己画图纸，自己削制打磨，自己利用各种各样的尝试和努力来完成每一件产品。晚上睡觉，突然想到了什么，就马上跑到旁边的厂房里开始画设计图。虽然没见到过我的祖父，但我深刻地觉得我身上流淌着的就是与父亲和祖父同样类型的血液。虽然中途从医生改行走上了搞基础研究的道路，但现在我也还是这样，就是与其说是科学家，我觉得我自己更像是工程师。

稻盛：您父亲是哪一年出生的？

山中：1930 年。

稻盛：我是 1932 年出生，所以跟您父亲差两岁。战败之后的日本制造业的现场，我也很清楚。那为什么您父亲会希望您成为一名医生呢？

山中：我读高中的时候，父亲在工厂里受伤了。当时因为输血而患上了肝炎，最后还转成了肝硬化。他在我做研修医生的时候去世了，享年 58 岁。

稻盛：是很严重的工伤吧？

山中：父亲用锉刀锉金属块的时候，据说金属片弹了出去，可能约 1 毫米的金属片穿透了父亲的裤子。父亲感觉好像被扎了一下似的，仔细一看裤子上被划破了个小口，而且上面还沾了一点血。当时因为工厂的经营状况比较好，我们离开了东大阪，住在奈良一套比较大的房子里。他花了一个多小时回到家，而且很巧的是那天只有我一个人在家。他在夜里突然发烧到 40 度，我很惊慌，就赶紧把他送到医院。拍了片子，才发现他腿里的骨头上面插着一块儿小金属片。医生判断需要马上进行手术取出金属片，于是父亲就被推进了手术室，这一下就花了足足有 10 个小时。那个时候父亲输了不少血，却不小心患上了肝炎。

稻盛：这可真是麻烦事了啊。

山中：从那开始到去世的 10 年里，我只是眼睁睁地看着父亲的病情逐渐恶化，只能待在他身边看着却又什么也做不了。如果放到现在，比如可以进行肝脏移植手术，或者是服用干扰素等药物，父亲应该能活得更长一些吧。

稻盛：正是因为有了这样的经历，所以您才选择了当临床医生这条道路啊。当您成了真正的医生，您父亲当时应该是非常高兴吧。

山中：应该是的。还在医学部学习的时候，父亲的病情恶化得很厉害，肝脏也肿得很大。一般来讲，人体的肝脏因为前后都有肋骨，想摸都摸不到，而父亲的肝脏肿得很大，因此能够明显地摸到。父亲自己说他可以当我的练习台，打点滴和注射，都是我为父亲做的。让自己的儿子为自己注射，这对他来讲可能是最让他感到欣慰的事情吧。

稻盛：肯定是这样的。

从父亲那里遗传的制造精神的灵魂

稻盛：从刚才的谈话中，我感觉我们有不少相似之处。我出生在鹿儿岛市的药师町（现在的城西），我父亲也曾经经营一家小小的印刷厂。对我来讲，我的制造精神的原点，就是在这个小作坊里辛勤劳作着的父亲的身影。父亲是1907年出生的，可能应该跟山中老师的祖父是同年代的人吧。

山中：嗯，祖父应该也差不多是那个时候出生的。

稻盛：我父亲只是小学毕业，之后在一家印刷厂做学徒工的时候，印刷厂的一个纸张供货商看好父亲的技术和认真劲儿，就把一台旧印刷机低价转让给了我父亲。在我出生的时候，父亲就以“稻盛调进堂”这个商号办起了自己的印刷厂。然而在经商的才能上，可能还是我母亲更胜一筹。父亲是一个彻头彻尾的老实人，技术非常精湛，但没有什么欲求，对什么事情都十分慎重。他以“与其做大，不如做强”为自己的人生信条，尤其不愿意借别人的钱财。他从早到晚不停地忙碌，透露出一种工匠精神，即便是通宵达旦，也坚决遵守交付期限。作为一名技术人员，我觉得我从父亲的背影当中学到了很多东西。

山中：那的确也是一个不错的学习环境。

稻盛：现在想想，其实父亲的手还真的是很巧。因为是工厂，从早到晚印刷机都在不停地运转着，而就在印刷机的旁边还有一台叫作自动制袋机的机器，是用来制造纸袋子的。记得那是一台带有比较长的回转传送带的机器，从这边将薄薄的纸放进去，传送带就不断地向前运转，最后从那边就出来纸袋子了。说起来简单，实际上那是一台非常复杂的机器。因为是昭和初期，所以我想在当时应该是一台比较新式的机器，但父亲还是能非常熟练地进行操作。从很小的时候我就在工厂里到处乱跑，所以也是一直看着父亲劳作的身影长大的。

山中：工厂对小孩子来讲的确是一个很有趣的地方。我家的工厂以前是做缝纫机零件的地方，所以有各种各样的工具。记得我经常偷偷地将它们拿出工厂带到家里来，用来拆钟表、收音机什么的。还有，就是现在几乎是很难想象的，当时记得一些很危险的药品都是随便放在工厂里的。

稻盛：是啊。现在想想当时那样的工厂的确是很危险。记得当时我也是很喜欢看那个自动制袋机的传送带咕噜咕噜地转，所以经常站在那里看。但如果不小心发生意外的话，那也是一台很危险的机器。扁平的传送带不断地转动，将本来在下面的纸张带到上面去，然后带动上面的滑车也转，主轴承就“嘎”的一声也跟着转起来，然后再转到下面来，当时看着机器这么转，觉得很有趣。因为发动机上面比较暖和，所以在冬天我总是会坐在上面（笑）。当时那些机器也都没有盖什么盖子、罩子什么的，所以如果被卷进去了，那肯定就是很大的事故。

山中：昭和初期的印刷机器是怎样的一种东西呢？还是靠工

匠一个字一个字地用手来摆放活字来印刷吗？

稻盛：是的。用铅做成的活字，按照要求摆放整齐再来印刷的活版印刷。我觉得父亲当时的嵌字技术也非常高，能正确地使用各种各样的机器，机器出现故障的时候还能够自己来修理。可能是因为受到了父亲的影响，大学的时候虽然我学的是有机化学，但因为对机械工学也很喜欢，所以还去学了机械工学方面的课程。也正是有了这些学习，我也能自己进行机械绘图，而这在京瓷创立初期的时候帮了大忙。

山中：所以说您也能自己制造机械吗？

稻盛：嗯，为了制造新的陶瓷产品就需要新的机器设备，而机器设备价格很贵，按照当时的日元也需要几十万，创业初期根本没有那么多钱，所以只能自己设计自己制造了。

山中：那真是很了不起。

稻盛：所以说继承了父亲的血脉，我觉得自己真的很幸运。

山中：我的父亲也是这样。以前的日本人基本上不论什么事情都是自己动手来想办法解决的吧。小时候我一直非常崇拜什么都会干、什么都能干的大人。现在，虽然我自己很少亲自动手做实验，但实际上还是想什么事都自己动手做一下。

稻盛：制造业真的很有趣。我一直认为通过产品能够体会到生产者的心。粗心大意的人制造的产品也会比较粗糙，而细致的人制造的产品就会非常细致。这也是我从父亲工作时的身影里面学来的。记得在进行陶瓷研发的时候，我总是对部下说“请大家一定学会聆听产品的声音，它们在对我们说话”，也就是告诫大家在制造产品的时候一定要聚精会神，如果不这样，就不可能制造出好的产品。这种勤奋和细致，我想应该是父亲传给我的吧。

从父亲那里遗传了谨慎，从母亲那里遗传了胆量

山中：刚才说过我是在父亲的建议下选择了当医生。当时之所以没有什么疑惑就听从了父亲的话，是因为从小我就看惯了父亲作为一个经营者所受到的各种苦难。按照父亲的话说，我不适合做经营者，所以我当时就确信了这一点（笑）。经营一家公司应该是非常难的，不管经营者怎样努力，社会市场的状况、客户的状况等，都会影响公司的经营。实际上，我们家当时也是因为公司的经营状况时好时坏，我们住的房子也一直在换。我出生的时候我们是住在工厂附近的家里，上小学的时候就搬到奈良一个住宅区的大房子里去了，

而到了读大学的时候，公司的经营状况一下变得很糟糕，于是我们就又搬到了工厂二楼上的那个只有 20 多平方米的小房间里去了。

稻盛：的确，公司经营并不是只要你拼命努力就一定会有好的成效，这个的确不容易。

山中：但是我听说稻盛先生创立的京瓷公司，从创立开始就一直发展得很快，即便是遇到石油危机、次贷危机等大的金融危机的时候，竟然也都没有出现过一次赤字。这里面是不是也有来自您父亲的影响啊？

稻盛：作为经营者，我觉得我分别从我父亲和母亲那里继承了他们的优点。我父亲做起事情来真的是慎之又慎，假如说看到前面有座石桥，即便是经过敲打确认是没有问题的，我父亲也还是不会从上面走的那种性格。小时候因为没有钱吃了很多苦，所以对借钱这件事情也是十分反感。与其做大不如做强，与其投资新事业不如攒钱、存钱更安全，他总是这样认为。所以在我创立了京瓷公司 10 年之后，在鹿儿岛县的川内（现在的萨摩川内市）建工厂的时候，就跟他有过很大的冲突。当时为了建工厂所以就到鹿儿岛的老家住了一段时间，每天吃了母亲做的早饭再去建设工地。而那段时间，我父亲却总是心情很糟糕。后来他终于忍不住问我在建设什么样的工厂，我当然就把施工设计图打开给他看，结果他气得差点昏倒，之后就几乎每天都在念叨："你小子，借了那么多钱来建这么大的工厂……"

山中：从创业开始到现在，您都一直在稳健地拓展新事业，这其中肯定也是有从您父亲那里遗传下来的谨慎吧？

稻盛：我也这么认为。我把无借款经营作为我的信条，这应该就是受父亲的影响。京瓷公司无论是名义上还是实际上，都实现了无借款经营的时候是在 1976 年。当时我们成功克服了石油危机这个巨大的灾难，在 3 月末年度结算的时候无论是销售额还是税后利润，我们都创出了史无前例的高绩效。无借款经营，这对很多企业的经营者来说都是连做梦都不敢想的事情，而对于我来讲，这也许正是因为我从小看着父亲的背影长大，受到了父亲潜移默化的影响。

山中：能做到对每一件物品都很珍惜、不浪费，这真是很了不起。

稻盛：是啊。创立了京瓷公司之后，为了让父亲能带着母亲去吃点好吃的，我一直坚持往家里汇款，寄钱给他们，然而父亲根本没动过那些钱。他在 1994 年去世了，当时葬礼上最先前来祭奠的竟然是老家附近的鹿儿岛银行的女职员，她说："稻盛老先生在生前一直对我们照顾有加，非常感谢。"后来问了一下缘由才知道，原来我汇款过来的钱，父亲都原封不动地存到了银行，结果就原封不动地变成了他的遗产（笑）。最后我没有要这些遗产，让我那6个兄弟平分了。

山中：直到最后也坚持了自己的作风啊。

稻盛：不过父亲的谨慎，也因为战败而失算过。战争结束的1945年，鹿儿岛市从3月开始到8月，共遭受了8次大空袭，市内93%的地方都烧成了一片火海。而我们家当时似乎一直比较幸运，没有被炸掉，正觉得侥幸呢，结果在8月6日的最后一次大空袭中，我们家也全都被烧掉了。

山中：8月6日，那距离战争结束就只有9天了啊。

稻盛：当时传言说美军已经在冲绳登陆了，接下来就要登陆鹿儿岛了。而日本特攻队的飞机基地当时就是在鹿儿岛，所以美军对鹿儿岛的攻击比其他地方都要激烈得多。比较幸运的是在4月的时候我们在鹿儿岛市郊外的一个叫作小山田的地方分散躲避，大家都躲在那里，所以人都没事。但父亲因为家被炸毁，精神上受到了打击，就像是灵魂脱壳了一样。日本战败了，我们的家没有了，工厂没有了，生活的基础也都没有了，父亲似乎连力气都没有了。因为他本身不喝酒，所以每天都傻愣着。母亲跟他说去借点钱买新的印刷机，再把印刷所重新办起来，可是父亲完全听不进去，还说如果借来钱了再失败了的话，那就得上吊了。

稻盛先生说他从父亲那里继承了谨慎，从母亲那里继承了胆量。

山中：在这种关键时刻，女性，尤其是母亲，会特别强大。

稻盛：的确是很强大。可能是因为本能地要保护自己的孩子吧，而且我认为我母亲还有很好的商业头脑。在战争期间，空袭一次比一次猛烈，当时为了分散躲避，我们家附近的很多人家都开始出卖自己的土地和房屋。那个时候有一个位置非常好的房子，当时人家问我们要不要买，价格绝对是抛售价。我母亲多次跟父亲提出买下那栋房子。把一半的存款存好，另外一半就拿出来买点土地或是房子，这样万一遇到什么不测的时候还可以支撑一下。

山中：也就是说把风险分散掉。

稻盛：可是，不管母亲怎么说，我父亲就是丝毫不动心。虽然当时业务的利润很微薄，但就那样也还是攒了不少钱，然而他却说："物品什么的不能保值。钱还可以有利息，而土地和房子不能长出什么来。"结果战争结束了，状况就马上发生了变化。因为通货膨胀，政府发行了新日元来代替旧货币，之前他好不容易保存下来的那些钱完全就像变成了废纸一样不值钱了。这时候母亲就说了："所以说啊，跟你说过那么多次，就是不听。"（笑）

山中：您母亲有先见之明啊，在投资方面有很敏锐的感觉。

稻盛：我是 7 个孩子中的老二，战争结束的时候我正好 13 岁。下面还有很小的弟弟妹妹，所以母亲用她那小小的身躯顽强地保护了我们。她把以前父亲的工厂生意比较好的时候买下的和服拿到农村去换回一点粮食给我们吃，没有和服换了，就跑到黑市上去买进一些和服，然后再拿到农村去换粮食，换来粮食再去黑市换和服。做了两年多这样的生意，硬是支撑着让我们都去念书。每天让我们带上盒饭，站在田埂上目送我和哥哥去上学。当然为了生存，我们这些小孩子也是一边上学，一边帮家里做力所能及的事。我最初做的事情是去卖当时非常有人气的盐。和父亲一起把盐制造出来，带在身上到处售卖。

事业的原点在于战败后的黑市

山中：当时是用什么方法来制造盐呢？

稻盛：在海边，找来一些大铁桶从中间切开分成两半摆在一起，把海水灌进去，再去找来那些搁浅破损的木船的破碎木头，点火来烧，等水分蒸发掉之后，就能得到盐。然后就背着这些盐，走到深山里的农村去换点米或食物等。而实际上这种盐太重了。当时只有 13 岁的我长得也很小，而且还因为食物不足导致营养不良，背上的那点盐几乎要把我压倒。后来还跟父亲一起制造过烧酒也拿去卖。因为私自生产酒类是违法的，我们就在地下挖个洞在里面偷偷地制造红薯烧酒。烧酒制造出来之后，就把它们装到橡胶袋子里，绑到腰的前面和后面，出去卖。这样绑着装满烧酒的橡胶袋子走路，肚子那个地方的烧酒在里面晃啊晃啊的，而且也很重，走起路来也不自然，但只要把它们带到黑市上，就能很快卖出去。

山中：听了这些战败后的情况，总是会感觉到当时人们的活力，或者应该说是坚强吧。

稻盛：为了生存谁都会拼命。反正当时什么都没有。住的地方、工作的地方、吃的东西、穿的东西，什么都没有。有的只有“无论如何也要活下去”这种对生存的渴望吧。当时黑市上有很多因为战争失去了父母兄弟的战争孤儿，他们或者给人家擦鞋，或者卖报纸，甚至有时候也会做一些小偷小摸的事情，但大家都是靠自己的力量活着。可能也正是在那个时候，我学会了经商最根本的东西吧。

山中：是嘛，那真想听一下。

稻盛：在我上了高中之后，我们家开始对外销售我父亲自己做的纸袋子。战争之前我们家里曾经有过一台自动制袋机，但那都在战争中被烧毁了，所以当时的纸袋子都是父亲手工做出来的。用一把像是用来切榻榻米的那种大菜刀，将一张很大的纸裁成大大小小的很多张，为了做到不浪费而裁成各种尺寸，从这里也能看出我父亲的心灵手巧。在裁纸的时候使用一把很大的木尺，而在应该涂糨糊的地方则用特殊的锤子敲打之后再剪裁，虽然是纯手工，但裁出来的纸张跟机器剪出来的相差无几。母亲就拿糨糊将纸袋子粘好做好，然后我就把大量的纸袋子放到自行车后架上，骑着车去糖果店推销。

山中：卖出去了吗？

稻盛：一开始的时候也没有什么经验，随便走，到处撞，后来想到如果效率更高一点就好了。于是就把市内分成南北7个区域，规定好周几去哪个区域卖，结果很意外，很快就获得了很多订单。

山中：原来如此。

稻盛：后来有一个对我们家的纸袋子很认可的糖果批发商叫住

我跟我说，你把你们家的纸袋子放在我这里，他们过来批发糖果的时候我就顺便连纸袋子也卖给他们。我这才知道还有批发商这种生意。这真是个不错的主意，于是我开始自己到处找批发商，于是有了之前的那些零售商，又增加了三家批发商，客户就一下多了起来。这样，我和家人都忙不过来了，于是又雇了人，买了新的自行车。当时的生意可以说做得红红火火了。

山中：那个时候您还是高中生吧。太了不起了。

稻盛：但实际上也就是在那个时候，我有了痛苦的经历，这成了我日后事业的原点。也就是说，纸袋子卖得非常不错，但当时只要对方跟我说“便宜点吧”，我就会不假思索地给人家打折。有时候现在还会想：如果当时好好把成本和利润算一下的话，应该会赚更多的钱。京瓷的经营哲学有一条就是“定价即经营”，可能正是因为有了当时的经历，所以才会形成这一条经营哲学吧。

山中：“定价即经营”，是什么意思呢？

稻盛：决定商品价格的时候，如果经营者是个积极的人，那价格也就会是个积极的价格；如果经营者比较谨慎，那价格就会比较保守。定价的终极目标是制定出客人愿意出的最高价钱，也就是说，定价能反映出经营者能力的大小和经营哲学的内容。

山中：原来如此，受教了。

母亲的教诲：失败的责任在自己，成功的功劳在他人

稻盛：话说回来，山中先生去斯德哥尔摩参加诺贝尔奖颁奖仪式的时候据说还带您母亲一起去了啊。当时我看新闻知道了这件事情，感到非常欣慰。

山中：是的。我也没想到自己到了这个年纪还能有机会和80多岁的老母亲一起进行一次这么长的旅行，所以我也感到非常高兴。12月的斯德哥尔摩的气温都在零下，再加上到达当天还下了大雪，这让我很是担心母亲的身体。

稻盛：你们在斯德哥尔摩逗留了多长时间呢？

山中：不到两周。颁奖仪式前后的一周被称为“诺贝尔周”，斯德哥尔摩的各地都会举办各种庆祝活动和获奖演讲等。颁奖仪式当天，仪式结束后还设有晚宴。到了斯德哥尔摩之后，为了让母亲好好休息调整一下身体，我就让她在酒店里住着，只是带她参加了颁奖仪式和当天的晚宴。那天，母亲将父亲的手表戴在身上，从开始到最后，参加了整场颁奖仪式和晚宴。对我来讲，那10天的每一个时刻都充满了幸福，也让我内心充满了感谢，但晚宴结束后母亲跟我说的那句“真

心祝贺你啊”，让我感到无比高兴和感动。

稻盛：那也是至高无上的尽孝啊。当年您父亲重病在身，我想她肯定也受了很多苦难。在您还小的时候，她是一位怎样的母亲呢？

山中：当年她一直帮助父亲在工厂里劳作，所以对我和我姐姐基本上可以说是放手不管，或者说没怎么啰哩啰嗦地管教我们吧。不过在我读高中的时候，母亲的一件事给我留下了最深刻的印象，或者说让我感觉到她这个人真了不起。

稻盛：说来听听，那是件什么事呢？

山中：当时我在大阪教育大学附属中学读书，那里是初中、高中共 6 年制，而我在这 6 年里一直参加了柔道部的课外训练活动。在我开始读高中课程的时候，从教育大学来了一个柔道三段的学生，来做我们的教育实习老师。理所当然地，在柔道练习的时候跟他交锋，我们这些“菜鸟”肯定会被他摔出很远。但我当时觉得很不爽，咬着牙继续跟他较量，结果由于没有控制好自己的身体，手法出现了混乱，手臂骨折了。这对于那个实习老师来讲可是一件大事，来实习，却把人家学生的手臂给弄骨折了。所以那天晚上那个实习老师就往我家里打了电话。当时我想母亲会怎么说呢，应该或多或少地数落他一下吧，所以我就在旁边偷听。

稻盛：哦。

山中：结果我母亲对那个实习老师说："多谢您对孩子的指导。是我们家的孩子没有控制好自己的身体，手法也乱了，给老师您带来了太多的困扰和麻烦，真的非常抱歉。"

稻盛：真是一位了不起的妈妈。

山中：嗯，虽然当时还未成年，但我也觉得我母亲太伟大了。虽然她没有用语言直接跟我说过，但在那个时候，她似乎是在教育我：遇到了什么不好的事情，那全都是因为"自己的过错"，而得到了好的结果，那就都是"托他人的福"。从那之后，我也要求自己、希望自己能成为母亲那样的人，但实际做起来还真是不容易。

稻盛：不是很简单就能做到的事情啊。

山中：所以我现在经常会对学生和年轻的学者说，当然也是为了告诫自己，"在你们做研究的时候取得了好的成果，你们要记住那是托了山中老师的福（笑）。如果研究不能顺利地进行下去，你们要想到那是你们自身的原因"。

稻盛：原来如此。

山中：这一半是在开玩笑，但实际上里面也蕴含了我真心的希望。当然，因为自己跟学生这么说了，所以我更需要对自己严格要求。

稻盛：嗯，不过真要实践起来可不是一件容易的事。知道和执行，完全是两码事。母亲总是把人生中最重要的东西，不是通过语言，而是通过自己的态度和实际行动来教给我们。对于我来讲，作为经营者，我带领公司走了这么长时间，但作为经营者的原点，我想可能可以追溯到我的小学时代。

山中：您当时是一个什么样的小孩子呢？

好事坏事，都叫“妈妈”

稻盛：小时候的我，是个典型的“炕头将军”，还动不动就爱哭。在上小学之前，母亲去厨房我就跟着去厨房，母亲去厕所我就跟着去厕所，反正就是拽着母亲的衣服角，她走到哪里我就跟到哪里。因为母亲是一边照顾孩子，一边还要帮父亲做一些印刷所的工作，所以有时候也会叹气说：“这个孩子真是让人头疼啊。”实际上我上小学的时候，一开始也是一个人不敢去，都要让母亲送到学校的。然而即便是那样，上了小学之后随着年龄变大，结果却成了孩子王。在学校里基本上不好好学习，整天跟附近的七八个孩子一起在家前面的河里游泳，在河边上玩战争游戏，反正只要有时间就在外面玩。

山中：在那个时候就开始发挥您的领导力了啊。

稻盛：尤其是在玩战争游戏的时候，所有的战略战术都形成在我的脑袋里。把小伙伴分成敌我两派，然后事先给每个人分配好任务和角色："今天，你来做刺探情报的侦察兵，你是传令员。"那么，为什么小伙伴都会听我这个孩子王的命令呢？实际上这里也有我母亲在起作用。因为每次从学校回来，母亲总是会为我准备一些好吃的，比如说准备好够七八个人吃的蒸红薯，或者是准备好一篮子柿子。"今天有好吃的，大家都到我家来吧"，我每次都这样叫上小伙伴。因为大家肚子也都饿了，所以在回家之前都会到我家来。而这个时候，我每次都会把吃的先分给小伙伴，有剩下的我再吃。也没人跟我说过要这样做，在无意识的情况下自己就这么做了。如果不先让小伙伴好，那估计谁也不会跟随我。孩子是这样，大人也是这样。

山中：嗯，的确是这样。

稻盛：在小朋友的世界里如果有谁成了孩子王，开始的时候大家还能在一起玩，到了后来，逐渐地，一个离开了，两个离开了，后来这个小团队也就解散了。这种事情经常有。而这就需要考虑如何把伙伴笼络到一起，如何增强凝聚力，具体该怎么办。这里实际上也还是要看孩子王的本性和所作所为，这非常重要。作为一个领导，如果本性不好的话，谁也不会跟随他。我在做孩子王的时候就学到了这一点。进入社会之后，作为技术人员，也作为经营者，在管理部下的时候，我想我在当孩子王时候的那些经验应该也是得到了有效地利用吧。

山中：那其实也有每天都为您精心准备点心的母亲的身影啊。

稻盛：还有就是上小学的时候，有时候跟别人打架，在我哭着回到家的时候，母亲总是会把家里的扫帚递到我的手里并跟我大声地说："快去打回来。"

山中：据说在战场上有很多士兵在临死之前都会喊"妈妈"。不管怎么说，母亲的存在还是非常重要的，是不可替代的。

稻盛：我现在已经 82 岁了，实际上这几年，每天总有几次在不经意的时候会突然叫声"妈妈"。

山中：您是想起您母亲了吗？

稻盛：应该不是。自己也是完全没有意识的时候，突然就会说出"妈妈"（笑）。最初意识到这个事情的时候，当时正好是成为 JAL 的会长，每天都在拼命地工作，所以当时会认为可能是压力太大，想让母亲在那边保佑我的缘故吧。可后来完成了 JAL 的重建，也从 JAL 董事长的位子上退了下来，即便是现在一天里还会有几次不经意间叫出“妈妈”。

山中：哦。

稻盛：具体为什么会叫“妈妈”，这个我也不清楚。最近，辛苦的时候也叫“妈妈”，高兴的时候也叫“妈妈”，好事坏事，都叫“妈妈”。我觉得可能这里的“妈妈”，已经不是自己真正的母亲，而是比如说类似于自然、宇宙、全知全能者这样的东西吧。“感谢妈妈”和“感谢神灵”，我感觉应该是差不多的意思。可能这也反映出了我母亲在我内心中其实是占有着多么重要的地位。看着还存在这样的一个自己，身体里的另外一个总是保持着清醒冷静的我就会说：“都到了这个年纪了，却还是非常可爱的嘛。”（笑）

2012年出席瑞典国王主办的诺贝尔奖晚宴的山中夫妇。

第2章

充满挫折和绕远路的人生

:: 在人生的关键点上总是失败，但总是会遇到向自己伸出援助之手的贵人。

当临床医生遭遇挫折，因研究环境的巨大落差而抑郁

稻盛：在您改行做基础研究之前，您在整形外科做了几年的医生啊？

山中：基本上可以说就是做研修医生的那两年。从那之后就开始改行进行基础研究，进入了大阪市立大学的研究生院攻读了药理学。在研究生院的那四年里，我也经常作为临时医生在医院里为患者看病。

稻盛：刚刚您说过您改行做基础研究是因为您觉得自己不适合做整形外科医生，不是吗？

山中：改行的理由有好几个。其中之一就是没能做好手术。虽说是没能做好手术，但我不认为是因为自己太笨。

稻盛：那是当然的，细胞这么微小的实验都能顺利地做好。

山中：虽然自己也不认为自己很笨，但手术做得好的人只需要 20 分钟就能做好的手术，到了我这里却需要至少两个小时。负责指导我的医师、作为手术助手的护士，甚至就连打了局部麻醉却还有意识的病人都受不了了。不过话又说回来，在改行之后我在进行基础研究的时候，对小狗、小老鼠做的手术，可能有点王婆

卖瓜自卖自夸的嫌疑，我感觉真的做得很不错。可能是在给人做手术的时候，我太紧张了吧。

稻盛：有这种可能性。因此您觉得自己不适合做这种临床医生……

山中：是的。那个时候我就在反思：作为临床医生我真的能为别人做点事情吗？在做研修医生的时候有一个指导医师负责指导我，而那个指导医师恰恰要求非常严格，那两年一直称呼我“添乱 NAKA”，说：“你这个家伙就是来添乱的，你就是添乱 NAKA。”

稻盛：被这样打击的确很难接受。

山中：在大学时代因为参加过柔道队和橄榄球队，我觉得自己对于严格的上下级关系应该是非常习惯了，但那位指导医师真的是我之前遇到过的最严格的人，我非常害怕他，所以可能想从那里逃出来，这应该也是一个原因。

稻盛：那么，您在研究生院里为什么选择专攻药理学呢？

山中：是因为自己觉得自己不适合做临床医生，同时也似乎感觉到了临床医学的界限。做研修医生的那两年中，接触了很多各种各样的病人，了解到即便是再有名的医生也有太多的病是治不好的。可能这也是没有办法的事情，但当看到病人在自己面前活生生地受苦，而自己却无能为力时，内心真的会很失落，有一种很无助的感觉。

稻盛：是啊。一般来说整形外科，基本上就是骨折、受伤之类的，都是可以治疗的病，现在看来还是有很多疑难杂症的啊。

山中：我最初负责的患者是一个患类风湿性关节炎的女病人，眼睁睁地看着她全身的关节发生变形。当时她的枕头边上放了一张女性的照片，我就问她："这是您妹妹的照片吗？"她回答说是几年前的自己，这真的让我很吃惊。然后我到现在还忘不了的是一个膝盖患肉瘤的高中男生，虽然手术将他大腿以下的部分都切掉了，但还是没有阻止病情复发。有时候虽然尽全力拼命地去抢救一个病人，但由于能力有限那个病人最后还是去世了。当然，也有治疗取得成果的时候，比如把病人断掉的手指接上之后，看着那个手指慢慢地能够正常活动。经历这种事情的时候，自己会从心里感到高兴，成为一个医生太好了，自己多少也能为社会做点贡献了，也会因此感到自豪。但病人接触的多了，疑难杂症接触的多了之后，就会想：难道就真的找不到一个更好的办法来把这个病治好吗？后来就想到，真要找的话，那就只有从事基础研究了。想到这一点，差不多正好是我父亲去世的那个时候。

稻盛：这也是人生的转折点啊。您改行做基础研究，当时感觉如何啊？

山中：开始从事基础研究之后，当时的感觉就是：竟然有这么有趣的世界啊。临床医学的世界里有完整的操作要领和规则，必须按照规定的流程和动作来完成每一项工作。尤其是手术，每一步都是严格按照教科书上的规定来进行的。基础研究却恰恰相反，反而是不能相信教科书的世界。就像在一张完全空白的油画帆布上画画，你想怎么画都行。自己选择题目，自己设定假设，然后进行试验来验证。在进行实验的时候即便是出现了预想之外的结果，也有可能找到世纪大发现。

稻盛：这是研究所特有的“醍醐味”。在技术研发领域里也是如此，有时候预想之外的实验结果反而会研发出全新的技术。

山中：从这种意义上说，我整个的人生也是如此。我喜欢的一句话是“人间万事塞翁失马”这句格言，回想一下我的人生，完全体现出了这句话的意思。

稻盛：“人间万事塞翁失马”，说的是好事变坏事，坏事变好事，好事与坏事之间是相互转化的，所以没有必要对所发生的事情一喜一忧，来自中国古代的一个故事。

山中：是的。做临床医生受挫，改行搞基础研究做学者，一直到与 iPS 细胞相遇，我的研究题目也是咕噜咕噜换了很多个，在研究生院的时候研究的是血压，读完博士课程之后，31 岁的时候开始在旧金山的一个叫作 Gladstone Institutes 的研究所做博士研究员，于是就带着家人一起去美国留学了 3 年。Gladstone Institutes 里面有心血管病的研究部门。据说是一个叫作 Gladstone 的房地产大王在自家的游泳池里因为心肌梗死而去世了。由于没有子女，根据他生前的遗志，希望将自己的财产用于对心脏病治疗的研究，于是之后就有了这个研究所。因为在研究生院的时候研究过血压，所以在那个研究所里我开始研究动脉硬化。可后来发现，有一个对于动脉硬化很关键的基因，却能致癌。

稻盛：遇到了超出假设范围的现象啊。

山中：是的。有不少研究者在这个地方就停止了自己的研究，因为这跟动脉硬化的课题是完全不相关的。而我却对这个预想之外的结果非常感兴趣，于是就开始研究癌细胞。周围的同事都在研究动脉硬化，而只有我一个人在研究癌症。当然，研究所的上司也同意我这么做。在研究癌细胞的过程中，又发现了一个新的基因，当时就想这个基因肯定跟癌症有着密切的关系，是个很重要的基因，于是就深度追究了下去，结果却发现这个基因实际上跟 ES 细胞有着很深的关联。所以接下来就又开始研究 ES 细胞，而最终结果，这却让我发现了 iPS 细胞。

稻盛：听了这番话，的确正如您说的那样，塞翁失马啊。从那以后直到发现 iPS 细胞就是一气呵成了吧？

山中：那个时候从美国回国了，却患上了抑郁症。差一点就连研究者的工作也放弃了。

稻盛：抑郁症？

山中：也不是说被诊断为抑郁症，自己给当时自己的状态取了个名字，是留美归国抑郁症（Post America Depression，PAD）的简称。现在想想也是觉得美国的研究环境真的是太好了，从美国回来之后马上就感受到落差很大。对于这个巨大的落差，当时我在心理上很难接受。

稻盛：原来如此。美国的研究所和日本的研究所的差异，主要表现在哪些地方呢？

山中：美国的研究所，分工做得非常细致也很到位，研究员只要专心做研究就好。做实验用的老鼠的喂养工作也有专门的人在做，对于研究的支持体制可以说是没法比的。而回到日本之后，包括照顾老鼠在内所有的工作都需要自己来做。为了继续研究 ES 细胞，我从美国带回来 3 只研究用的老鼠，结果过了一个月，老鼠变成了 20 只，半年之后变成了 200 只。我甚至都不知道我到底是在做研究，还是在养老鼠。

稻盛：那的确不能很好地集中精力搞研究啊。回到日本之后，山中老师也还是一个人在进行 ES 细胞的研究吗?

山中：是的。回国之后到大阪市立大学研究生院的药理学教室当了助手。因为是药理学研究室，所以其他的学者都在做一些与新药开发相关的研究。在那里，我也是自己一个人进行了 ES 细胞的研究。当时，关于 ES 细胞的研究，在日本并不多，也不知道到底能不能应用在医学应用上。

稻盛：那样的话，关于自己的研究，您也没有可以交谈的人啊。

山中：那是比照顾老鼠更令人难受的事情。能够理解我的研究的人，在周围可以说是几乎没有。甚至我还接到过这样的建议：“你那个研究可能挺有趣，但如果做些对医学更有帮助的研究是不是会更好啊。”

稻盛：是嘛。

山中：当时只有老鼠的 ES 细胞的研究得到了认可，而且能否对医学有所帮助却完全是个未知数。自己所做的研究是不是真能对社会有用，最后自己也开始怀疑，心情也就变得越来越沉重，后来就变得不想从床上爬起来，心里太难受，甚至想到放弃自己的研究。虽然技术不怎么样，但至少做手术还能为他人做点有用的事情。所以当时我差一点就真的放弃自己的研究了。

稻盛：那后来发生了什么事情，让您坚持下来了呢？

山中：正是那个时候人类的 ES 细胞制作成功了，这个消息传到了我的耳朵里。1998 年年底，美国威斯康星大学的学者杰姆斯 · 汤姆森（James Thomson）博士成功制成了与老鼠的 ES 细胞同样的、拥有高度增殖能力，并能够分化成各种各样细胞的人类 ES 细胞。这条消息一下子震惊了整个世界。这样一来，ES 细胞就在医学上有很大的用处了，于是立刻受到了全世界的关注。如果能制作出大量的人类 ES 细胞，就可以大量地制作出神经细胞、心脏细胞、胰脏细胞等各种各样的细胞，那就可以向患有脊髓损伤、心脏衰竭、糖尿病等的病人移植健康的能够生成神经细胞、心脏细胞或是胰岛素的细胞，他们的病就可以从根本上得到治疗。所以人类 ES 细胞在再生医学上立即就受到了巨大的关注。

稻盛：刚被建议“做点对医学有用的研究”，马上就有顺风刮起来了啊，而且还是最高端的再生医疗，这马上就不一样了吧。

山中：我马上就感觉自己有了活力。“太好了，ES 细胞的研究原来对医学的发展是有帮助的！”而且正好也是在那个时候，奈良先端科学技术大学院大学打出了招聘广告。奈良先端科学技术大学院大学是在 1991 年设立的只有研究生院的大学，有着非常优秀的甚至可以与美国研究所相媲美的研究环境，而且研究费在国立大学里面算是很高的。而且当时的招聘内容是“在大学里建立起基因剔除小鼠的提供机制的同时，主持一个研究室并进行相关方面的研究”，这对我来说是再合适不过的内容了。

稻盛：基因剔除小鼠，是很特别的老鼠吗？

山中：一般的老鼠都有 2 万个以上的基因，从这 2 万个以上的基因里面找出特定的某些基因，然后把它们破坏掉，不让它们工作，经过这样处理的老鼠，就是基因剔除小鼠。这项技术很复杂，我也是在留学美国的最后那段时期才成功地制作了基因剔除小鼠。但在美国的时候有专业的技术员配合我，而在日本没有这个条件，所以我当时也很不安。但面试的时候，我肯定地说“我能做，完全没有问题”。

稻盛：这个完全可以理解。我当年也是，在京瓷还是家很小的公司的时候，不论客户说出多难的订单，我也都会说“没问题，我们可以做”，先把订单拿下来，不过回到公司可就要辛苦了。

山中：如果这次失败了，我就不做研究了，就是带着这样的心态，我去投了简历。最后顺利合格了，这真让我兴奋。到了 37 岁的时候第一次有了属于自己的研究室，录用了三个新人和一位女性技术官。iPS 细胞的研究，就是从这里开始的。

在人生关键点上遭遇失败，但总会得到贵人相助

稻盛：在临床医生的路上遇到挫折，而从美国留学回来又遭遇很多苦难，但无论哪一个点，都遇到了人生中很大的转机。我一边听您讲述您的经历，一边感觉我们之间似乎有很多相似之处。我在与精密陶瓷相遇之前的人生，也可以说是非常不幸运的。

山中：意思是说比起成功，失败更多一些吗？

稻盛：那可以说是连续的失败呢。首先是在太平洋战争打得正酣的时候，我去报考鹿儿岛县最优秀的鹿儿岛一中，结果失败了，没考上。接下来又患上了肺浸润，这是当年被称为不治之症的肺结核的初期症状。即便是这样，当时也硬是把烧退下来，然后又去挑战了一次鹿儿岛一中，结果还是没考上。最后没办法，去了私立的鹿儿岛中学，那时正好是日本战败，战争结束那年。

山中：得了那么严重的病还坚持去考学，真是很了不起啊。

稻盛：第二次考试，与其说是我想去考，倒不如说是因为我当时的班主任土井老师的热心推荐。他甚至来到我家里对我的父母说“请你们一定要把和夫君送进中学，一定要让他去读中学”，而且还把报名材料帮我拿来了，考试当天还带着防空袭头巾跑到我家里来接我考试。考试失败了的时候他也没有放弃，积极地让我去报考鹿儿岛中学。

山中：这个老师太了不起了。

稻盛：其实应该说我跟土井老师平时关系也不是那么好，但非常幸运的是，到了人生的关键点上，总是会有贵人出现并向我伸出温暖的手拉我一把。在那之后也是，家里的经济条件说实话，是根本没有可能去读大学的，可当时我高中时候的班主任辛岛老师和我的哥哥一起努力地做我父亲的工作。在他们的帮助下，我终于读完了大学。

山中：在这里也出现了伸出援助之手的人啊。

稻盛：是的。“如果不让和夫君去读大学，那可真是太可惜了”，辛岛老师真的是非常努力地说服了我的父亲。但郁闷的是在考大学的时候也遭遇了失败。第一志愿的大阪大学医学部药学科没有考上，本来想复读一年重新再考，但对于复读，我哥哥持反对意见，没有其他办法，于是就考入了刚刚开设的鹿儿岛大学工学部应用化学科。

山中：您当时想学医学，这是跟您曾经患过肺浸润有关吗？

稻盛：实际上在我得肺浸润之前，住在我家里的我爸爸的两个弟弟因为肺结核去世了。当时得了那种病没有别的办法，只有增加营养和静养，两位叔叔都没有接受任何治疗，没吃什么药就去世了。所以我自己得肺浸润的时候，体验过他们当时的那种不安和绝望。当时也想过希望有一天自己能发明一种药来帮助那些遭受病痛折磨的患者。

山中：非常理解。

稻盛：在鹿儿岛大学读书的那四年，我靠着育英奖学金和打工来赚取学费，然后就是非常努力地学习。哥哥和妹妹们也都放弃了读大学，参加工作支持我读大学，所以我当时就想大学毕业找到工作后一定要好好报答父母和兄弟姐妹。但在大学毕业前找工作的时候也是十分不幸。朝鲜战争结束，日本整个社会遭遇就业难，因为我学的专业是有机化学，所以当时想去石油化工企业，结果却是申请了几家都失败了。记得当时有一部电影很流行，叫作《大学毕业了，可是……》，反映出当时那个年代很难找工作，除非有很强的人脉关系，否则没有企业会招用刚刚毕业的大学生。当时我想过自暴自弃，甚至想过要不然干脆直接加入黑社会。但即便是那样的一个我，我的大学教授也没有扔下我不管，他帮我介绍了一家在京都烧制陶器的松风工业。教授与那里面的技术部长认识，费了很大力气去拜托人家，最后才答应让我去上班。

山中：那是一家烧制什么样陶器的公司啊？

稻盛：松风工业是烧制高压线用的绝缘碍子的企业。在高压电线上可以让高电压绝缘的、白色的、巨大的、像算盘珠子一样的陶制的东西，您见过吧？那就是绝缘碍子。

山中：那也就是跟大学里学的专业完全不对口的工作吧。

稻盛：大学里我学的是有机化学，而要做的工作却是无机化学。是再朴素不过的陶瓷世界，说句真心话，我当时真的不想去，但我别无选择。而且夏天接到内定的通知之后，人家企业还跟我说“我们公司是做碍子的企业，所以需要学过无机化学的人”。没有办法我只有临时抱佛脚，找到教无机化学的教授，拜托他接受我跟着他做了半年的黏土矿物的研究，而且又慌里慌张地把毕业论文写完交上去了。

如果感到不幸，那就拼命工作，直到忘记幸与不幸

稻盛：后来到松风工业上班之后，才知道这家公司在战后这 10 年都是连续赤字经营，即便是到了发工资的日子，公司也会说“请再等一周”。所以当时每年都会发生很多劳动纷争，要求发奖金，要求涨工资什么的。刚进公司的我本来还非常积极，想过“这回我一定好好努力”，可这样的想法一瞬间就消失了。在脏乱的宿舍里，跟一起新入公司的 4 个人有事没事就说公司的坏话，而且基本上每天都会说这样一家破烂公司，真想尽快辞职。后来真的就有一个人辞职了，然后又有一个人也辞职了，结果到了初秋的时候，就剩下我和京都大学工学部出身的另外一个男生。我们两个人虽然都想辞职，但都没有可以去的地方。后来我们想到了自卫队的干部候补生学校。

山中：自卫队？

稻盛：正好当时自卫队的干部候补生学校在招人。当时那个男生就跟我说“我们一起去报名吧”，然后我们就都提交

了申请表，而且两个人都收到了合格通知书。那就尽快办理手续，因为需要户口簿，所以我就联系家里人让他们帮我把户口簿寄过来。可不知为什么不论我怎样催促，户口簿就是寄不过来。后来知道原来是我哥哥强烈反对："和夫这个家伙，人家老师费了那么大力气好不容易把他送进公司，他却干了不到一年就想辞职，这真是太可恶了。"就坚决反对将户口簿寄给我。结果那个男生去了干部候补生的学校，而我自己一个人留下来了。

山中：没有退路了。

稻盛：这回想发牢骚都没有人听了，但这改变了我的人生，是我人生中的一个巨大的转机。没有别的地方去，也没有别的地方逃，什么办法也没有，就只能专心搞研究了，所以我改变了自己的心态，将所有心思都放到了工作上。

山中：那时候您在公司里负责做什么呢？

稻盛：公司分配下来的任务，是开发能够绝缘高周波的全新的陶瓷材料。随着电视转播的普及，电视机等电子设备都会使用高周波，因此以前的绝缘材料就完全不能用了。为了迎接电器时代的到来，世界上很多强大的企业都在争相研发这种新材料，而在当时京都连设备都没有的那么个小企业竟然也参与到了新材料的研发竞争里来了。

　　最初是为了尽量不去看眼前这悲惨的现实，忘掉现实的郁闷，所以才努力拼命地去工作。可到了后来，研究工作一旦钻进去了，却觉得越来越有趣，再后来，对于来往宿舍和研究室之间需要花的时间都觉得可惜，于是就把锅碗瓢盆都搬到了研究室，直接住在研究室里面。

山中：那您开发出了全新的陶瓷材料了吗？

稻盛：是的。那种材料，最先是由美国的通用电气研制成功的，而我却用完全不同的方法，也制作成功了。那是被称为橄榄石的一种材料。从 1957 年开始，公司从在国内生产电视机的松下电器产业（现在的 Panasonic）那里得到了订单，用橄榄石这种材料来加工当时的电视机不可缺少的零部件 U 形管，而且在研究室旁边的工厂里也开始进行生产。

专心搞研究，研究就进行得很顺利，利用研究的成果开发出新产品，再在学会上发表自己的研究成果。渐渐地，大家都开始认可我了，上司也开始表扬我了。结果我就更加卖力地搞研究，之后取得了更好的成果。

山中：人生开始了好的循环啊。

稻盛：是的。在全都是经营者参加的学习会上进行演讲的时候，我经常会跟他们说："如果觉得不幸，那就请您拼命工作，直到忘记幸与不幸。"这句话实际上就是从当时那段苦难的经历中得出来的。至少你在专心做事情的时候，不公平和不满等杂念、妄想，以及一些负面的想法都会从你的脑海里消失。用这种毫无杂念的纯净清澈的心来工作，肯定会有好的结果。

山中：原来如此。

稻盛：在皇太子殿下（今上天皇）和美智子妃殿下结婚之前，电视机开始迅速在日本的一般家庭里普及。之后日本进入高速成长期，电视机、洗衣机、冰箱被称为“三种神器”（形成了电器消费热潮），而对U形管的需求也迅速增大。但就在1958年年末，我离开了松风工业，创立了京都陶瓷。

山中：当时是有什么原因吗？

稻盛：辞职完全是因为作为技术人员的尊严。

当时，日立制作所想生产一种由美国开发出来的陶瓷真空管，所以日立制作所就要求我们公司用我开发出来的陶瓷材料来试制一下。我当然很高兴地接了订单，但日立制作所那边的技术人员对产品的精度要求非常高，送了很多次试制品都被退了回来。这个事情被当时的技术部长知道了，然后就叫我去跟他说明情况。那个技术部长以前在电铁公司工作，对陶瓷基本上可以说是完全不懂，因此不论我怎么说明他就是不理解，最后他说：“你以后就不要再参加这个研究了。我们公司里有好几个京都大学毕业的技术人员呢，让他们来做吧。”

这句话彻底地伤害了我作为技术人员的自尊心，我一下就感觉怒发冲冠，于是就说：“是嘛，好吧，那我辞职。”结果当时我的几个部下知道我要辞职，也说：“你如果辞职的话，那我也辞职。”我以前的上司，前任的部长也说：“你花了那么多心血开发出了这种陶瓷材料，就这么放弃的话太可惜。”他竟然通过自己的朋友找来赞助，筹集了资本金 300 万日元帮我成立了京都陶瓷这家公司。当时 300 万日元可不是小数目，应届大学毕业生的工资也只有 1 万日元左右。

山中：在人生的关键时刻会有拉您一把的贵人出现，这也说明您是被信赖的。被肯定的不仅仅是能力、技术等，还包括人格方面的东西吧。

稻盛：真的是因为有太多的贵人扶持和帮助，京瓷公司才有了今天。很多人都已经过世了，其中就有一个叫作西枝一江的恩人。西枝先生是那 300 万日元的出资者之一，他把自己住的房子做了抵押从银行里贷了 1000 万日元给我，这真的让我感动。当时他跟我说的那些话到现在也在支撑着我。

山中：当时他说了什么话呢？

稻盛：“稻盛君，记住，不能让金钱摆布了自己啊。”据说那个时候西枝先生对他太太说：“我想把我们的房子做抵押来借钱给他。如果他开公司失败了，我们的这个房子可能就要被收走了。”而他太太回答他说：“就这么办吧，一个男人为另外一个男人倾倒，这也是没有办法的事情啊。”

山中：真是非常了不起的两个人。

稻盛：那个时候我还只是一个刚踏入社会仅工作了两三年的人。既然都那么信任我，帮我创立了公司，那我肯定不能失败。还有，对于不惜辞掉松风工业而跟我一起出来创业的同事们，我也要保证他们的生活。所以我当时真的感觉巨大的压力几乎要把我压扁了。

而且当时京瓷也没有什么很特别的技术，所以大家只有拼命地工作。开发新的技术，用新技术制成产品，再拿去卖掉。就这样一天一天，一步一步，每天都踏踏实实地努力着，努力着，而就在不知不觉中，本来以为根本不可能登上的山峰，我们却站在山顶上了。这就是我的人生。

山中：只有一步一步，踏踏实实地努力，对此我非常认同。我也有一句支撑我的话，那是在 Gladstone Institutes 留学的时候，当时研究所的所长罗伯特·马力跟我说了“VW”这个词。

稻盛：VW 是什么的简称吧？

山中：是 Vision 和 Work hard 的简称。记得有一天他把我们二十几个博士后召集到一起，对我们慷慨激昂地说：“作为一个研究者如果想取得成功，秘诀就是 VW。

只要你们做到了 VW，你们肯定就能够成功。这不仅仅是对研究者，无论对什么样的人，VW 都是非常重要的。VW 是魔法的咒语。”Vision，说的是长远的目标，Work hard 就是拼命地工作，不论是对研究者还是做人，这两个都很重要，缺一个都不行。

稻盛：简洁明了啊。

山中：是的。将目标明确之后，就拼命努力去做。虽然简单，但执行起来很难。当时的我，对自己的努力程度非常有自信，认为自己在努力程度上不会输给任何人，但只是关注了眼前的目标，不知不觉中就丧失了自己长期的目标。所以从那以后我就一直把这个 VW 牢记于心。刚才听您讲京瓷的经历和成功，我觉得同样也有 VW 在里面。

稻盛：是的。经常会说经营企业就像登山，有时候有人会问我成功登上了那么多险峻的山峰，成功的秘诀到底是什么。而对我来讲，其实我没有什么秘诀。有的只有拼命努力，加上一个不到达山顶不罢休的信念。不过，想要维持住这种强大的信念，周围就需要有理解我、在精神上不断支持我的人。所幸的是，我周围的人都能很好地理解我和支持我。如果没有众人的理解和支持，我想即便是我再有力气，估计也不会长期地坚持下来。

妻子是不可替代的战友

山中：刚才说过 Vision 和 Work hard 这两个词，但实际上一个人要做到朝着自己的 Vision 不断地 Work hard 的话，是非常难的，正是因为有能够理解自己的人的存在，努力才能够坚持下去。所以我的情况是，家人的存在给了我最大的支持。即便在我人生最关键的时期——美国留学，也正是因为有了家人的陪伴，我的研究生活才过得非常充实。

稻盛：在您改行做基础研究的时候，您已经结婚了吗？

山中：是的。我太太是皮肤科医生。我们本来是初中和高中时代的同学，从高中一年级的时候我们开始交往，虽然之后分别考入了不同大学的医学部，但在毕业的那年，我们就结婚了。在我改行从事基础研究的时候，正巧我太太怀孕了，怀上了大女儿，妊娠反应非常强烈，于是当时她就暂停了自己的工作。后来二女儿出生之后，我正好定下来要去美国留学，于是我太太和两个女儿就跟着我一起到了美国。也就是说她的工作中断了七八年吧。

稻盛：也就是说，您太太从美国回到日本之后，一边照顾两个孩子，一边又开始工作了吗？

山中：是的。当时她完成了两年的研修期，刚好开始进入第三年的时候中断了工作，所以在回到日本再重新开始工作的时候，基本上还是从头开始做研修。做研修医生，主要内容就是实习，从第三年开始才能逐渐负责一些治疗。然后经过四五年时间的实践，通过了比如说皮肤科、内科等专业的考试之后，才能真正成为一名可以独当一面的专业医生。我太太参加专业考试的时候已经超过 35 岁了，而周围都是 20 多岁的年轻人。太太都是因为我和孩子们而耽误了那么长的时间，所以我一直觉得非常对不住她。

但从我自身来讲，因为有了家人的陪伴，我在美国留学的那两年于公于私都过得非常充实。在日本的时候，白天在大学的研究生院读书，晚上还要作为非专职医生到医院去实习值班，而到了美国就不一样了。在美国，晚上的时间我会在家跟家人一起度过。而且也参与了照顾两个女儿，真的感觉很幸福。

稻盛：您那个时候应该可以一直留在美国工作吧，为什么后来从美国回来了呢？

山中：当时也想过，在美国的研究进展非常顺利，而且当时回到日本的话还要重新找工作，所以当时也想尽量留在美国不回来了。可是大女儿到了上小学的年龄了。

为此，我就跟太太商量了一下，最后决定还是希望能让她们都在日本接受教育，所以当时就让她们母女三人先从美国回来了。

稻盛：剩下您自己，一下子就变得很孤单了吧。

山中：是啊。为了驱赶当时巨大的孤独感，我就从早到晚，基本上吃住都在研究室里，专心搞科研了。所以当时科研进行得也比较顺利，运气比较好，被日本学术振兴会录取成为他们的特别研究员，觉得即便是回到日本生活也能有着落了，于是就从美国回来了。回到日本之后大概过了半年，就被大阪市立大学录用为助手，到现在还记得当时第一次拿到奖金时的激动心情。

稻盛：原来如此。现在想想我也是这样，就是当一个人全身心地投入做一件事情的时候，妻子的作用的确是很大的。

山中：的确是这样。稻盛先生在成立京瓷公司的时候也已经结婚了吗？

稻盛：是的。1958 年 12 月从松风工业离职之后的第二天，就在京都市内的一个地方举行了结婚仪式，只有咖啡和蛋糕。结婚用的新房也是一个 10 平方米的房间，厕所和灶台都是公用的。转过年来从 1 月就开始准备成立公司的事情，然后在 4 月 1 日创立了京瓷公司。

山中：关于创立公司，您对您太太说过什么吗？

稻盛：成立新公司并让这家公司顺利成长，这对我来讲就是攀岩，徒手攀登悬崖峭壁。一般人登山的话可能会即便是多花一点时间也要找条比较容易走的路，而我对自己说的是，我只能垂直攀登。但问题是谁也没有这种登山经验，太恐怖了，脚会抽筋，而且也可能会滑落，因此有可能没有谁愿意跟着我一起攀登坚持到最后。所以当时我就被一种孤独感包围了。记得当时我拜托我太太说："你可要一直在我身后推我向前啊。"

山中：那您太太是怎么回答的呢？

稻盛：我太太是个非常少言寡语的人，她只是点了点头说"好"。

本来我太太以前是松风工业时代进入我部门的研究助手，当时我已经把锅碗瓢盆都搬到研究室里去集中搞研发了，她看到我在工厂的一个角落吃自己烧的饭菜，就开始为我做盒饭。正在 U 形管增产的时候，工会闹罢工，而只有我的那个部门大家都吃住在公司拼命苦干，努力增产。当时如果我们也停产的话，松下公司的生产线就要停止运行了。但由于罢工，公司大门被封锁了不能进出，于是当时就让我太太在公司外面等着，我把制成的产品装好从围墙上面递出去，然后她再带上零部件送往松下公司的高槻工厂。

山中：还有这样的事情！

稻盛：自从我们结婚之后，我就把工资全都上交给她了，但公司刚刚成立的时候，工资非常少。作为社长，到了年末年初的时候总是会有员工等客人到家里来。但我太太一直没有一句怨言，对于穿的衣服，也从来不跟我说要想买这个、想买那个。我和太太从京都回鹿儿岛探亲，当时前来送我们的公司员工后来跟我说："您太太那天穿的是你们新婚旅行时候穿的那件衣服吧，那都过了好几年了，她都没有去做新衣服啊?"我当时的回答是"是嘛，我完全没有注意到。"可能我应该从心里觉得过意不去，但我当时可能是觉得她应该那样，因此也没觉得内疚，反而觉得她做得很好。从那之后到现在过了 55 年了，但有我的现在，我想至少一半是因为我太太的功劳。她给予我的力量真是太大了。

用咖啡和蛋糕举行了简单的结婚仪式的稻盛夫妇。

山中：令人非常感动。

稻盛：真是不可替代的战友啊。在我 78 岁为了重建日航就任 JAL 会长的时候，她也一直在背后支持我，照顾我的生活。当时她身体不太好，经常去医院，据说曾经跟主治医生说："医生啊，麻烦您好好帮我看看，从现在开始接下来这三年，我可不能倒下啊。"那个时候她什么也没跟我说，是我从 JAL 的董事长之位退下来之后，她才跟我说的。她这个人本来就沉默寡言，从来不过问我工作上的事情。但对于 JAL 的重建，尤其是人们对此事的评价，她似乎非常在意，不论是诽谤中伤我的报道，还是赞同我的报道，她都去书店买来读了。但对于这些事情她从来也不跟我提起。

山中：可见她当时也是非常担心您的。相反您在工作上遇到问题犹豫不决的时候，或者因为工作进展不顺利而苦恼的时候，您会不会跟您太太说一下，或者发发牢骚抱怨一下？

稻盛：我想我也是发牢骚抱怨过几次的。但这个时候如果是性格比较活泼的太太，那可能会说点"噢，是吗"或者"那么，你这样做试试看吧"什么的，而我太太却只是沉默地听着。所以我发牢骚也就没有什么兴致了。相反，她也似乎从来没跟我抱怨过什么。我这个人总是工作，家里的事情全都交给我太太了。养了 3 个女儿，但她们的运动会、上课参观、毕业仪式、入学仪式，我从来都没有参加过。女儿们还在上小学的时候，有一次吃完晚饭，跟我抱怨说："人家的爸爸都会去参加。"那个时候记得我跟女儿们说："爸爸是公司的社长，从银行那里借了很多钱，如果公司倒闭了，因为爸爸是公司的连带保证人，作为借款的抵押，我们的这个家，家具什么的，都会被拿走的。可能你们现在用的锅和碗什么的会给你们留下来，但爸爸绝对不能让这种事情发生，所以现在一直在拼命努力地工作。"大女儿好像对我的这些话记得非常深刻，长大了之后回忆起来的时候还气呼呼地批评我："晚上都睡不着觉，一直在想我们的公司倒闭了该怎么办。你怎么能对那么小的小孩子说这么严重的话啊。"我给了家人们太多的孤独感，但我太太从来没有跟我抱怨过一句。

山中：真是一位了不起的太太。

稻盛：我也非常感激她。但有时候也会想如果她也能偶尔发发牢骚抱怨一下的话，那就更好了。

山中：哦？真的吗（笑）？

稻盛：可能也希望她能稍微撒撒娇吧，那样不是很可爱嘛。但想到这个的时候，身体里面的另外一个我就会说："你这个家伙，要这样还要那样，是不是太贪心了啊。"（笑）还要能坚强吃苦，还要会撒娇，男人啊，真是太任性了。

出席第二电电（现在的KDDI）成立晚会的稻盛先生（右边第三个）。

第3章

奉献一切的觉悟

:: 既然别人都不做，那我就来做，于是就举手了。

吃着便利店的三角饭团重建 JAL

山中：刚才关于 JAL 重建的话题中，您介绍您太太对主治医生说“三年内不能病倒”，稻盛先生您自己的身体状态一直保持得很好吗？因为重建 JAL 并不容易，想必您身心都会有很大的压力。

稻盛：是的，答应就任 JAL 的会长的时候我已经 78 岁了，当时反对我去重建 JAL 的家人和朋友们也都非常担心我的身体健康。但托大家的福，一直到去年（2013 年）春天从 JAL 董事长的职位上退下来的三年之中，我的身体一直很好。不过，自从就任会长，我戒了多年的烟又抽上了。

山中：可见您真是承受了很大的压力。

稻盛：记得当时看到我又开始吸烟，我太太问我：“你又开始吸烟了？”我回答她说：“对我来说，比起被巨大的压力折磨而死，倒不如因为吸烟而死。”于是从那之后，在我回到家的时候，我太太就会为我准备好烟灰缸。

山中：那在您重建 JAL 期间，您是在东京的 JAL 总部和京都的家来回跑吗？

稻盛：就任 JAL 的会长，是因为当时的鸠山由纪夫首相极力邀请，我当时提出的条件是“我年纪大了，不能每天都来工作，每周工作三天的话我可以接受。”同时还说：“当然因为是每周只工作三天，所以我不要工资。”

但在上任之后我才发现，这真是接了个烂摊子（笑）。根本不是一周工作三天就可以搞定的事情。所以不知不觉地，在 JAL 总部的工作时间由三天变为四天，由四天变为五天，就这么增多了。结果最后就是周五晚上从东京回到京都自己的家，然后周一再从京都回到东京，也就是说，当时快要 80 岁的我，竟然有了每周的平日都是在东京的酒店里度过的单身生活的经历。虽然这样，我觉得我太太还是给了我很大的帮助。每到周一的早上，她都帮我把够五天用的内衣、袜子、衬衣、领带、手帕，每天一套，为我准备好，整齐地摆放到我的行李箱里，并把行李箱放到门口。我出门的时候只要拉上行李箱就可以出发了。

山中：那您吃饭怎么办？

稻盛：我经常会去酒店附近的一家便利店，在那里买两个三角饭团，然后带回酒店的房间里吃。

山中：稻盛先生竟然从便利店买三角饭团回来吃……

稻盛：当时无论如何也要改变包括 JAL 高管在内的所有员工的意识，所以每天都是拼尽全力地工作。一天下来回到酒店，基本上就是累得不想多动了。差不多每天都这样。

山中：您有那么多工作要做，那么劳累，却还能保持身体的健康，其中有什么秘诀吗？

稻盛：这个该怎么说呢？我 12 岁的时候患上肺结核，当时没有什么药，只有补充身体营养和保持静养。我母亲当时不知道从什么地方买来了些沙丁鱼，放在火上烤焦了之后研成粉末状，在我吃米饭或炖菜的时候就在上面撒上一些让我吃。

然而很快战争爆发，几乎每天都有从美军航母上起飞的战机前来轰炸，鹿儿岛也遭受了空前的摧残和蹂躏。当时我正读初中，大家在操场上集合的时候突然就会有人喊："敌机来啦"，于是我们就四处分散逃走。有时候藏在大树的后面，就会看到飞机上机关枪扫射出的子弹打到身边的地面上，激起很多尘土。虽然因为肺结核，还发烧，总是认为自己快要死了，但在那种情况下也不会因为自己生病而不紧不慢，空袭来了的时候还是要赶紧四处躲藏逃命。可能当时的这种紧张状态和奔跑逃命，反而让我的病情好转了吧。

山中：那肺结核治好了吗？

稻盛：不知道什么时候自己好了。再后来在 65 岁的时候检查出了胃癌，虽然当时把 2/3 的胃都切掉了，但幸运的是从那之后就没有什么大病，一直比较健康。现在回过头来想想，我可能是因为一直在不断地工作，所以才有了健康的身体吧。

山中：是嘛。

稻盛：是的。跟健康可能没什么关系，虽然我因为工作需要在国外到处跑，但我从来不用倒时差。

山中：您从年轻时候就这样吗？

稻盛：是的，不管是出国还是回国，都完全没问题。

山中：那真是太让人羡慕了。我现在还在美国的 Gladstone Institutes 有一个小的研究室，基本上一个月都会去一次，但现在仍然总是受到时差的困扰。如果这个也有秘诀的话，请您一定告诉我。

稻盛：这可能也是因为我总是在工作的缘故吧。实际上我从年轻的时候开始到现在，每次到海外出差，从来不去观光游玩。到了目的地做完要做的工作之后就马上回国。所以虽然我去过世界上很多国家的很多城市，却几乎不知道在哪个城市有什么著名的景点或好玩的地方（笑）。

山中：那是因为您的工作很忙？时间表安排得很满没有时间去吗？

稻盛：不，是因为我从来没想过“既然来了就去观光景点看看”，总是“办完事情就回去”。所以有时候有人问我：“最喜欢的国家是哪里？”我也回答不上来（笑）。所以我的脑袋里就只有工作，而工作也基本上不会给我造成任何疲惫。所以我说，因为我总是工作，所以我的身体很健康。

用愿景和努力付出别人 3 倍的努力

山中：无论是从事研究还是做人，想成功的话都需要 Vision 和 Work hard，学到这个之后，我在美国的研究所里做了差不多其他研究者 3 倍的实验。我认为实验的次数做 3 倍，研究本身也就会比别人快 3 倍，所以在进行一个实验的时候，我就利用等待的时间去做另外一个实验，尽量把时间表安排得满满的。实际上这样做了，也没有觉得疲惫，而且研究本身也的确有很快的进展。在大学时代，我一边学习医学部的课程，一边参加了橄榄球队的训练，为了让学习和训练都能顺利进行，我当时总是琢磨如何才能在短时间内有效地进行学习。可能是这种习惯让我的实验更加高效。

稻盛：您在学医的时候也做到了兼顾橄榄球队的训练啊？真是了不起。我在家里基本上什么也不做，而在工作上则是完美主义者。带着完美主义的想法活着，的确不是一件容易的事情，但习惯了也就不会感到辛苦了。

山中：以前我自己动手做实验，无论多么复杂的实验，多么困难的研究，我也不会感觉疲惫，而现在虽然是个很小的研究所，但我作为所长要把握研究的方向，维持研究所的运营，所以现在更像是个经营者。每天都需要自己做出一些判断，也经常会为如何进行判断而困惑。稻盛先生从技术人员成为经营者，而且迄今为止也做过了无数的重大决策。我很想请教一下，您都是怎样对待困惑，如何进行判断的呢？

稻盛：只要决定了的事情我就不会困惑。一旦决定了的事情，就从来不会去想“会不会成功啊”“好担心啊”。这在 1984 年成立第二电电（现在的 KDDI）的时候是这样，在 2010 年答应就任 JAL 会长的时候也是这样。责任非常重大，这个我知道，但从来不会去疑惑或心怀不安。

山中：您太了不起了。

稻盛：如果中途疑惑了，或者头脑中存在一丝担心，那可能就很难取得成功了。祈祷的事情，如果没有纯粹无杂念的心，那就不会有结晶，自然也就不会成功。不过在做出决断或决定之前，我会花上很长时间非常谨慎地进行自问自答。比如说设立第二电电的时候，我不断地问自己这个问题：“动机是否至善，私心是否不存？”动机是否至善？也就是说做这个事情，是否符合世间大义。就这么严肃认真地问自己的内心。

山中：私心，也就是得失？

稻盛：私心是否不存，是在告诫自己不能为了自己的得失而行动。自己是不是为了自己的名誉，或者金钱上的利益在思考问题和行动呢？是不是真的在为社会谋利益、为他人谋利益？我想正是因为有这样的人间大义的支撑，我才能拼命地去把决定的事情做好吧。

山中：太伟大了。

即便是连年赤字，也坚持到底的太阳能发电事业

稻盛：京瓷公司在进行多元化发展的时候，我做了几个大的决断，创立了几个新的事业部。最初的一个就是大约在40年前，1975年创立的太阳能发电事业 Japan Sora Energy。从2012年7月开始日本也终于开始实行“发电全量国家回购制度”，京瓷的太阳能发电事业因此终于成为公司的支柱事业了，但在此之前基本上都是赤字。即便是赤字，我也没有叫停这个事业，这也是因为我心中有坚持下去的大义。

山中：那大义是什么呢？

稻盛：通过太阳能发电的技术开发和量产，为解决能源问题与地球变暖问题做贡献。这是两个人间大义，也是京瓷公司太阳能发电事业的使命。之所以创立这个太阳能发电事业，契机是1973年发生的第一次石油危机。当时世界上需要寻找一种新能源来代替石油的呼声很高，而最有可能代替石油的新能源就是太阳能，所以当时全世界都开始进行太阳能发电的研究。我自己当时也受到石油

危机的影响，现在也还记得当时整个社会的恐慌。尤其日本还是个能源贫乏的国家，基本上都需要进口。要维持和促进日本产业的发展，就必须有可以再生的能源，所以我觉得日本更要进行太阳能发电的研究。在那之前，京瓷公司曾经引进了美国 TE Laboratories 公司研发出的单结晶制造技术，而这项技术就可以用于制造太阳能电池。所以当时还召集了包括松下电器产业和夏普在内的 4 家公司，京瓷出资 51%，在京都成立了一家新公司，专门从事太阳能发电的研究。

山中：在太阳能发电方面，京瓷公司是日本的先驱啊。

稻盛：是的。当然很快，从大企业到小企业，很多企业都参与到太阳能发电的研究中来。可是，石油危机一结束，石油的价格回落了之后，很多企业就开始放弃对太阳能发电的研究和投入，结果一转眼的工夫，替代性能源的研究热潮就消失了。

山中：因为石油的供给恢复到原来的状态了。

稻盛：因为石油紧张的状态得到了缓解，所以整个社会对于太阳能的热度就一下子降了下来。但我认为能源问题是人类的重大课题，所以还是积极地选择了坚持。后来我们也从松下电器产业和夏普等企业那里把它们的出资股份都买了下来，作为京瓷百分之百出资的事业坚持了下来。

山中：在恶劣的市场环境下，技术开发进展还顺利吗？

稻盛：没有，研发进展缓慢，中途还进行了巨大的方针转换。最后，虽然我们成功地开发出了多结晶硅太阳能电池，但由于市场条件不成熟，几乎卖不出去。从 2012 年 7 月开始，日本终于开始实行“发电全量国家回购制度”，这让我们的太阳能发电事业在成立 38 年之后，一下子打开了市场。在这之前则一直是痛苦的。当时，大学刚毕业的从事太阳能发电事业的员工们，一边要挨我的骂，一边却要坚守着这项痛苦的事业，真的是委屈他们了。现在市场迎来了春天，他们正在世界各地生龙活虎地活跃着。

既然别人都不做，那我就来做，于是就举手成立了第二电电

山中：不以得失，而是以善恶作为判断的标准，这似乎非常容易明白。当然作为经营者，根据得失来进行判断固然也很重要，但就拿我自身来说，在进行判断的时候如果以得失来衡量的话，有时候判断和决定会变得非常难。但如果是以善恶来判断的话，我觉得我应该能够很明确地做出判断。不过刚刚稻盛先生您讲过，您在做判断的时候，一般是先要花不少时间非常慎重地进行自问自答，对吗？

稻盛：1984 年成立第二电电时候的人间大义，就是在这个通信产业自由化迅速发展的新时代，把日本的电话费降低，降到跟欧美国家差不多的便宜价格。当时日本的电话费非常贵，对此我深有体会。那时还没有手机，出差到东京，从东京打电话给京都的总部，一边向公用电话里投 10 日元硬币一边打电话，当时感觉投放硬币都来不及，刚放入一枚硬币还没讲几句就又得放硬币。当时京瓷已经进入了美国市场，从加利福尼亚的公司打长途电话到纽约，也没觉得有多贵。这是因为当时日本的通信市场被电电公社（现在的 NTT 公司）垄断了，所以电话费用很贵。如果有可以与它们竞争的公司诞生的话，电话费就可以降下来，所以当时就期待有谁可以站出来参与通信产业的竞争。可是政府虽然开放了通信产业，但还是没有人举手站出来。虽然电电公社被民营化变成了 NTT，但也是从明治时代就存在的老牌国营企业，是种年平均销售额超过 4 兆日元的超大企业，它们用国库的钱将通信网络覆盖了整个日本列岛。所以站出来跟它们作对，风险是非常大的，没有谁愿意充当这个炮灰。但如果没有谁站出来跟 NTT 进行竞争的话，也就不会发生价格战，电话费也就永远不会便宜。而另一方面，信息通信变得越来越重要，日本的通信市场却是种垄断状态，这非常不合理。所以，虽然京瓷当时还不是一家大企业，只能算是一家中等企业，但我认为我这个小微企业出身的经营者必须射出第一支挑战之箭。所以，在东京的经营者会议上我提出要进军通信产业，当时的 USHIO 电机的牛尾治朗会长、SECOM 的饭田亮会长也都赞同，说必须有人站出来。记得当时他们问我："稻盛先生，你有什么打算？"我就把我思考了很长时间的具体方案详细地跟他们讲了，然后他们很赞同，说："既然这么具体的方案都有了，那我们也出资支持你。"我们三个人在讨论具体如何展开事业的时候，索尼公司当时的盛田昭夫会长过来问道："你们在讨论什么呢？"后来他也加入了我们，参与了共同出资。就这样，第二电电诞生了。

山中：将竞争原理导入通信产业里，让日本的电话费降下来。他们都赞同了稻盛先生的人间大义啊。

稻盛：是的。但实际上从有这个想法到实际做出决断花了大约 6 个月的时间，每天晚上睡觉前，都在不断地进行自问自答。

因为向 NTT 挑战的话，名气肯定会大振，我不是为了出名才想做这件事情？或者说我不是为了赚更多的钱？自己的动机到底是什么？不断地，一遍又一遍地扪心自问：动机是不是为国民着想，是不是为了国民尽可能地降低电话费？是不是完全没有私心？一遍一遍地问，最后就成了刚才说过的那句是不是"动机至善，了无私心"。

山中：也就是说这里不能有私心。

稻盛：私心是不纯的东西，即便是有多么名正言顺的大义，但只要有那么一点点私心在里面的话，那肯定不会成功。只有做到动机至善，了无私心，那就不会过多地纠结结果如何，而且会一直坚持下去。我非常相信这一点。

山中：原来如此。

稻盛：当时媒体都看衰甚至攻击我们："面对巨大的电电公社，他们也不掂量掂量自己有多重，最后肯定是粉身碎骨。"但我决定了的事情就不再犹豫和烦恼。之后，DDI、KDD 和 IDO 这三家公司合并，成了 KDDI 公司。在员工们的努力奋斗下，在很多人的支持和帮助下，现在 KDDI 公司的销售额是 4.3 兆亿日元，营业利润约 7000 亿日元，成长为一家高收益企业。

山中：决定了的事情就不再犹豫和烦恼啊？

稻盛：烦恼和反省不同。京瓷的经营哲学里面有"六项精进"这个内容，非常简单易懂：①付出不亚于任何人的努力；②要谦虚，不要骄傲；③要每天反省；④活着，就要感谢；⑤积善行，思利他；⑥不要有感性的烦恼。之所以加入了第六条，比如说，有的经营者在资金周转上遇到困难，担心自己资不抵债而破产，于是夜不能寐，结果把自己的身体搞垮了。而这样的烦恼，我觉得是非常没有意义的。在公司面临这样的问题之前就应该拼命努力让公司拥有足够的资金，这才是重要的。但即便是拼命努力，有时候自己的努力得不到回报，公司也可能会破产。到了那个时候，就只能让自己重新振作起来，从头再来了。

有句话叫作“覆水难收”，只要尽了全力最后即便失败了，我觉得也没有必要过多地去想“当时这样做就好了，那样做就好了”，这只会带来更多的烦恼。当然，必须好好地分析一下失败的原因，进行反省。而进行了足够的反省之后，就把之前的都忘掉，振作起来朝着新的目标再一次挑战、努力就行了。

iPS 细胞也是“既然没有人做，那我就来做”

山中：只是听您谈话，我就感觉到自己体内似乎有了一种勇气或者是干劲儿，而且也感觉兴奋起来了。这是因为实际上从十多年前开始的 iPS 细胞研究，也正如您所说的，正是“既然没有人做，那我就来做”。

稻盛：是嘛。

山中：在那之前是 ES 细胞，那是用受精卵做成的万能细胞，但因为牵扯到伦理问题，所以这项研究当时发展缓慢。

稻盛：ES 细胞和 iPS 细胞，两者之间有什么大的不同吗？

山中：正如您所知道的，生命是由一个卵子和一个精子结合，形成受精卵，再经过反复的细胞分裂，几天之后形成胚胎之后就会附着在母亲的子宫壁上，也就是说，只有胚胎附着到子宫壁上之后才算是真正的怀孕。之后就又是无数次的细胞分裂，形成各种各样的器官和小婴儿。ES 细胞是将形成的胚胎，在附着到子宫壁之前，也就是说在真正怀孕之前，将胚胎中的细胞在实验室里进行长期培养而生成的细胞。1981 年，英国的学者用小家鼠的胚胎首次制成了 ES 细胞，因为是从“Embryo”（胚）做成的“Stem cell”（干细胞，能够进行自我复制自我分裂的细胞），所以被称为 ES 细胞“Embryonic Stem cell”。在日语中，这被称为“胚性干细胞”。ES 细胞有两个特点：第一个是增殖能力特别强，一个 ES 细胞几乎可以无限量地增殖，只要有空间和资金，一亿个，一兆个，都没问题；第二个是 ES 细胞可以形成神经、肌肉等，几乎是身体的任何部分都可以形成，这被称为“分化多能性”。我开始研究 ES 细胞，是在取得了博士学位，在美国的研究所留学的时候偶然发现了 NAT1 这个基因与分化多能性有着非常密切的关系之后开始的。

稻盛：原来如此。在那之后，从美国回到国内，就在您最难熬的时候，人类的 ES 细胞被成功地开发出来了。

山中：是的。但人类的 ES 细胞用于再生医疗，却面临着两个重大的问题。第一个是因为是其他人的细胞，所以在进行器官移植的时候人体会发生拒绝反应。第二个就是关于伦理的问题。虽然制造ES细胞是使用剩余胚，但毕竟需要破坏人的生命的萌芽。所以当时我就想：不使用他人的受精卵细胞，而是使用患者本人身体的细胞，比如说皮肤细胞，如果也能做成像ES细胞一样的万能细胞的话，那么这两个问题就都解决了。将分化的细胞变回到接近于受精卵的状态，这在医学用语里面叫作“初始化”，所以我当时设定的目标，就是将皮肤细胞进行“初始化”，让它变成类似ES细胞的细胞。

稻盛：那个时候已经能对已分化的细胞进行初始化了吗?

山中：是的，就是所谓的克隆技术，核移植。两年前和我一起获得诺贝尔奖的约翰·伯特兰·格登（John Bertrand Gurdon）先生在50年前就将青蛙的已分化的细胞成功地进行了初始化。在对哺乳类的研究中，1996年伊恩·维尔穆特（Ian Wilmut）博士用一只叫作多利的羊的乳腺细胞，成功地克隆了一只完全相同的羊。顺便说一句，多利，据说本来是一个胸非常大的女明星的名字（笑）。

稻盛：也就是说，将已分化的细胞变回接近于受精卵的状态，这在理论上是可能的了。

山中：是的。理论上是可能的。但据说要做的话是很复杂的。

稻盛：哦。

山中：科学之所以有趣，就是因为它不是一般的技术，不是谁都能简单地实现。当时我在做的时候，我身边的学者、朋友也都劝告我说“你还是放弃吧，不可能成功的”，所以当时我还在想“你们等着瞧吧”(笑)。当时正好在奈良先端科学技术大学院大学第一次有了自己的研究室，所以就坚决地提出了自己研究室的目标：“将人的皮肤细胞初始化，研制成类似于 ES 细胞的细胞”。结果最终制成了 iPS 细胞，日语叫作人工多能性干细胞。

稻盛：这么完美的 iPS 细胞，竟然只是在皮肤细胞里面放入了四个基因就做成了，这真让人惊叹。

山中：是的。刚才讲过了获得京都奖的 Gehring 博士的标签理论，而制作 iPS 细胞所需要的四个基因，也可以说是四枚标签。将这四枚标签放到必要的位置上，皮肤细胞就能变成万能细胞。

稻盛：原来如此，非常容易理解。

山中：一般来说人的基因有 3 万个。2004 年在我转职到京都大学再生医科学研究所的时候，我已经发现了 24 个 ES 细胞的基因。所以当时我就不断地把这些基因导入皮肤细胞里面，看看能否制成类似于 ES 细胞的细胞。应该说人类的确非常复杂，黑腹果蝇用一个基因就可以，人类的细胞却不行。

稻盛：一个基因不行的话，就需要将这 24 个基因按照各种排列组合来进行实验吧？

山中：是的，很烦琐，想想就会觉得很绝望。当时从奈良先端科学技术大学院大学时代就在一起搞研究的高桥和利先生想到了将 24 个基因全都导入皮肤细胞进行实验。往皮肤细胞里导入一个基因都很困难，而他当时提出将 24 个全都导入进去，这种想法本身就非常独特。而实际上将所有的基因都导入进去之后，结果真的制成了类似于 ES 细胞的细胞。那么接下来，就是要确认这 24 个基因里面到底哪个才是我们要寻找的标签。接下来该怎么办才好呢？

稻盛：听说想出筛选出最后这四个基因的方法的，也是研究室里您的助手？

山中：高桥君当时跟我说："老师，我们把这 24 个基因，一个一个往外拿出来，怎么样？"我听了顿时就觉得茅塞顿开。如果拿出来的基因是个关键基因，那另外的 23 个即便是在里面，也不会进行初始化。所以当时我听到这个方法时很感动，一个劲儿地表扬他：“高桥君，你太聪明了。”

稻盛：的确是很聪明啊。

山中：不只是聪明，高桥君了不起的地方，是他马上就开始动手进行实验。说起来容易，做起来可真是个非常复杂的实验。而他却兴致勃勃地坚持做了下来，最终确定了实现初始化所必要的四个基因。

稻盛：真了不起。实验是在显微镜下面操作吧。在那么小的一个细胞里，还要放进或拿出更小的基因。可见对于研究、技术开发等工作来说，这样一点一滴的努力，以及燃烧不息的热情都是至关重要的。

山中：既有的知识和经验，有时可能会变成研究的阻碍。也就是说，即便是想到同样的方法，但从经验上判断应该不会成功，因此而放弃。所以这个时候就不能从理论上进行思考，否则还不如去做一些可能性更大的事情。

稻盛：我好像能明白您说的。

山中：实际上在奈良先端科学技术大学院大学的实验室进行

这个研究课题的时候，我曾经指派了另外一个更有经验的同事来做这个实验。那个人脑袋很聪明，但动手能力不强。可能是认为这个课题根本不会成功，所以当时根本没有把精力用在这个课题上面。在转职到京都大学的时候，我找他谈话，他当时已经决定去海外留学，所以后来就由高桥君来接替他继续进行这项研究。记得那个时候我跟高桥君偷偷地说，这个课题很有可能不会成功，但你不要对别人说。如果真的失败了，我可能就不能继续我的学者生涯了，你也一样，但没关系，你放心，我有医生的从业资格，到时候我找个地方开一个小诊所，你可以过来帮我招呼病人。

稻盛：把当时自己真实的想法都告诉他了啊。

山中：是的。但高桥君的反应很让我意外，他竟然很高兴："我真的可以吗？"（笑）很是天真无邪呢。现在，他已经成为 iPS 细胞研究所高桥研究室很优秀的领导了。

被高桥和利君纯粹的热情倾倒

稻盛：对此我也很能理解。在我年轻的时候进行产品研发，当有了一个全新的想法时，我会召集公司的干部开会，听取他们的意见。但越是名牌大学出来的优秀的人，越是会像批评家一样分析和评论我的想法是多么的无知可笑。这样一来，不管是什么好的想法，总是会被浇上一头冷水，然后想法也就枯萎了，思维也就跟不上。后来我就将约谈的对象统统换掉了。有了全新的想法，或者说想挑战一件从来没有人想过的事情的时候，我会找那些虽然脑袋不是很聪明，但会认真地听我的想法和意见，会说“很有趣，很有趣”并赞同我的员工来商量。而这样做了，效果还真不错，事情往往都会比较顺利地进行。

山中：原来如此。

稻盛：但是，把想法向具体的计划转变时，就需要将能够冷静地观察事物和分析事物的人聚集起来，分析具体执行的时候所能想到的所有风险，严密地制订计划。而制订好了计划，到了将计划付诸实施的时候，又需要乐观地、积极地行动了。所以有句话叫作“乐观地构想，悲观地计划，乐观地实行”，也就是说，大胆和细心这两者之间的平衡，在开始新事业的时候是不可缺少的。

山中：的确是这样。我 37 岁在奈良先端科学技术大学院大学第一次有了自己的研究室的时候，对于当时的我来说最大的也是最重要的一项工作就是在招进来的 120 个优秀的学生面前，宣传自己的研究室。选择研究室的权利在学生那边，人气高的研究室就可以优先录取入学成绩高的优秀学生。当时只是一个没有名气的助教授（现在的准教授）的我，研究室的大小差不多是教授们的实验室的一半，而且研究经费的预算也比较少。为了让优秀的学生来我的研究室，我能做的只有大谈研究室的魅力和目标了。

稻盛：目标，就是您刚才说过的那个“将人的皮肤细胞初始化，研制成类似于 ES 细胞的细胞”吧。

山中：当然我也知道要实现这个目标，难度是非常大的，当时我想可能要花 20 年、30 年，或者更长的时间。但当时在介绍研究室的时候，我完全没有提这些困难，只是大力宣讲如果我们成功了，那我们将会是如何了不起。就这样被“骗”进来的 3 个人中的一个，就是高桥君。

稻盛：正因为您给学生描绘出了一个充满魅力的愿景，所以优秀的学生加入进来了啊。

山中：德泽佳美和海保英子这两个女生是成绩非常好的优秀学生，而高桥君的成绩其实并不是很好。

稻盛：哦，是嘛。

山中：可能是有魅力的愿景起了作用，我的研究室只接受 3

个人，结果第一志愿报名的有 20 多个。对于这种情况，一般来讲就是优先选择入学成绩好的学生就可以了。但高桥君大学时的专业是工学，并没有学过生物学，而且他的入学成绩也是中等水平，怎么想我也不应该选他的。但在最初面谈的时候我竟然被他倾倒了，无论如何也想把他选到我的研究室里来。

和山中先生一起做研究的高桥和利先生也出席了诺贝尔奖颁奖仪式。

稻盛：哦，那是为什么呢？

山中：学生们也是为了进入自己想去的研究室而积极努力。入学考试成绩比较好的学生基本上能够进入自己的第一志愿研究室，而成绩不算最好但也不差的学生则基本上都是从一开始就放弃第一志愿，在第二志愿的地方填写感觉自己有把握进入的研究室。

稻盛：也就是说第一志愿的研究室如果落选的话，那就有可能被分到完全没有人气的研究室。既然这样的话，那还不如从一开始就选择第二志愿的研究室，是这样吗？

山中：是的。面谈的时候都会把学生在本研究室的成绩排名告诉他本人，报名来我这里的那些不怎么有把握的学生一个接一个地都选择了放弃，去朝着自己的第二志愿努力去了。但只有高桥君非常坚定地说："即便是只有那么一点点的可能性，我也希望加入老师的研究室，在老师这里做研究。"当时我就想：这个家伙有意思，成绩不怎么样，但很了不起。

稻盛：确实，的确挺了不起。

山中：后来，即便是很多学生都选择了放弃，高桥君的成绩排名的上面还有一个学生，而我就想无论如何也要把高桥君选拔进来，于是就在跟那个学生面谈的时候，跟他说他跟我不太合适，应该去选择别的研究室。最终那个学生放弃了，高桥君也终于成为我那里的第一志愿的第三名。

稻盛：从一开始您就看好他了。

山中：只有高桥君自己，在面谈的时候让我无论如何都要让他进来。

人生・工作的结果 = 思维方式 × 热情 × 能力

稻盛：被高桥君的热情倾倒，这我很能理解。我经常被询问："要在工作上取得好的成绩，应该怎样做呢？"对于回答这个问题，我有一个方程式。就是"人生・工作的结果 = 思维方式 × 热情 × 能力"。

山中：请您详细地讲一下好吗？

稻盛：这里面有三个要素，但最重要的就是当事人所拥有的对人生和工作的"思维方式"，第二是"热情"，第三才是"能力"。这里所说的"能力"，是指知能、学力或运动神经等，多数都是先天性的东西，不是个人主观意志所能掌控的。能力的得分，是从"0 分"到"100 分"。

"热情"或许可以更换为"努力"，这个项目的得分也是从完全没有干劲儿的"0 分"到对工作怀有熊熊烈火一般的热情并拼命努力工作的"100 分"。

而关于最重要的"思维方式"，得分却是从"负 100 分"到"正 100 分"。比如说这个人愤世嫉俗、怨恨他人，总是愤愤不满散发负能量，那这个人的"思维方式"的得分就是负值。相反，如果遇到苦难和挫折也能坦诚地接受别人的意见与建议，不怕辛苦，善良地对待他人，开朗、认真并且坚持不断努力，那么这个人的"思维方式"的得分就是正值。

山中：这很容易理解。

稻盛：工作的结果就是这三个要素的乘积。学力和能力再高，如果对于自己的能力过于自信而忽视了努力的话，那么他最后的工作结果也就不会很好。相反，能力虽然比较低，但工作的热情很高，付出超过他人多倍的努力，而且如果他的思维方式也是正向的话，那么他所能取得的成绩是非常巨大的。举个例子，比如有一个人学历很高，能力方面可以达到 90 分，但他对自己的能力过于自信，觉得工作很轻松，于是就不去努力，那么他的热情可能就是 40 分，思维方式也只有 50 分，那最后算下来，他的工作的结果，乘一下就是 18 万分。相反，有一个人他的能力只有 50 分，但对工作的热情非常高昂，付出超过他人多倍的努力，那他的热情可以达到 90 分，再加上非常积极向上，能够善待队友和同事，那么他的思维方式可能就是 80 分，最后算下来他的结果是 36 万分。所以说即便是一个能力平平的人，只要有很好的思维方式，再加上拼命地努力，那他肯定能获得预想不到的优异成就。

山中：这是一个在研究学者的世界也通用的方程式。

稻盛：看看京瓷公司的干部就能理解了。京瓷的创业元老里面有个叫伊藤谦介的人。他虽然只是仓敷的高中毕业生，但脑瓜很聪明，而且工作起来比谁都努力，在人品上更是没得说。在京瓷创立 30 周年的时候，我把他提拔为公司的社长了。当时京瓷公司患上了大企业病，公司的经营绩效迟迟难以得到进一步提高，再加上日元汇率飙升，在这样的经营环境下，我们预测绩效可能会进一步恶化。而就在这个时候伊藤社长把京瓷创业时所形成的经营哲学进行了整理，并编辑成了小册子，对全体员工进行了彻底的教育培训，同时也推行了彻底的成本控制措施，最终竟然让公司的业绩出现了大幅提升。不仅仅是伊藤社长，看一下京瓷的干部阵容就能知道，以前基本没有一流大学的毕业生。我们在一起的时候偶尔会开玩笑地说“只有顽强的傻瓜留下来了”（笑）。实际上还是家很小的公司的时候，加班和受苦受累都是再正常不过的事情，而只要有能力的人基本上都选择了转职，离开了公司。剩下的这些人就带领着自己的部下艰苦奋斗，尝尽了辛酸，终于走到了今天这一步。

山中：这个方程式是什么时候考虑出来的？

稻盛：创立了京瓷公司之后。这么一个能力平平、平凡的我，用什么样的方法才能取得不平凡的成功呢？我就拼命地想，最后就想到了这个方程式。我自己一直以来就是按照这个方程式来工作的，而且我认为京瓷公司就是因为坚持了这个方程式才发展起来的。创业初期，对京瓷公司，能力高的人连看都不会看一眼，所以进到公司里的人都是一些平凡的、能力平平的人，为了鼓舞他们的斗志，这个方程式也起到了很大的作用（笑）。而实际上，无论是工作还是人生，他们都得到了按照方程式计算出来的结果。

用没有偏见的心看事物

山中：我非常赞同您的话。其实工学科毕业的高桥君是如此，我也是医学的整形外科毕业生，再加上在医学部读书的时候白天还要去参加橄榄球队的训练，所以分子生物学的课基本上没去上。现在做的实验所需要的知识，最初基本上都没有，可以说是从完全空白的状态开始的，而高桥君也是从工学科这个完全空白的状态开始的，当时也几乎是从手把手地教他做实验开始的。现在回头想想，也许正因为是这么两个人，iPS细胞的研究才成功了。刚才也说过，一般来讲的话，感觉是不可能成功的事情，就会提前放弃，因为不放弃的话就会浪费更多的时间和精力。

稻盛：在决定挑战谁也没想过、谁也没做过的事情的时候，考虑的太多不是好事。最好不要带有什么预想。简单地想，然后大胆地做，这很重要。

山中：我也这么想。因为成功开发了 iPS 细胞，所以经常会有人说“你们完成了独创性的实验啊”，但从我自身来讲，我觉得其实并没有什么独创性。如果被要求做一件具有独创性的事情，那这件所谓的具有独创性的事情，可能就是全世界中仅有 10 个人会想到的事情。

但是，之所以我们能够完成在结果上被认为是具有独创性的这个实验，是因为我们在做没有独创性的实验的时候，出现了一个没有预想到的具有独创性的结果，而这个时候我们并没有停止实验，反而紧紧抓住了这个预想之外的结果，并进行了进一步的研究。也正因为这样，我们的研究题目也在不断地变化。

稻盛：也就是说，这些一个接一个的变化，最终归结到了 iPS 细胞上面。

山中：iPS 细胞的这个想法估计也不是独创性的，应该有很多科学家都想过这个问题，但因为考虑到太难了，做了估计也是白做，所以谁也没有真正把这个实验进行到底吧。

稻盛：正如您所说的，对预想之外的结果持有兴趣，这是非常重要的。还有就是要用没有偏见的心来看待问题。听说锻造日本刀的师傅在工作之前先要将自己的身体洗净，再对着神像进行祷告，然后才能打造日本刀。那其实并不仅仅是形式上的东西，而是通过这些形式让自己的心清澈透底，如果不是怀着这样纯粹的心，可能有些东西也就看不到了。

山中：作为学者，我们所追求的也是同样的东西。有时候学生考虑得太多，我也会大声训斥他们：“不要胡思乱想，赶快动手做实验。”在我当研修医生的时候，魔鬼军曹的指导医生经常骂我：“你这个大脑袋不行啊。患者的病情在恶化，你却还在胡思乱想。赶快行动啊，光想有什么用?”虽然我现在没能成为一名优秀的外科医生，但现在做研究的时候，我感觉当时他给我的教诲对我非常有用。实际上，我真的非常感谢我的那位魔鬼军曹老师。

参加2012年京都马拉松的山中先生（京都大学iPS细胞研究所提供）。

第4章

指向高峰的力量

:: 想要不断地努力，所以攀登更高的山峰。

想要不断地努力，所以攀登更高的山峰

山中：刚才稻盛先生说过在创立京瓷公司的时候，“只能像攀岩一样攀登悬崖峭壁”。一般人的话，即便是花点时间，也会寻找容易向上爬的路来走，而稻盛先生没有选择那样做。这句话给我留下了很深刻的印象。我想问一下，您选择这样做，当时的心境是怎样的？

稻盛：京瓷公司是太多的好人相信当时只有 27 岁的我和我的技术，帮我成立起来的公司。而如果公司最后倒闭了，那会给那些好人带来很多麻烦，还有那些不离不弃地聚集到我身边的员工。为了所有这些人，我面前的路只有一条，那就是努力、加油。当然，努力、加油的做法有很多种，每个人的选择肯定也不一样。

山中：是的。

稻盛：同样是努力、加油，的确，比如让公司不要倒闭就可以，这样的努力、加油的方法也是存在的。但对我来说，如果只是做到了这个程度的努力、加油，那如果公司赚到了一点利润的话，可能我会沾沾自喜。

山中：原来如此（笑）。

稻盛：沾沾自喜了，那自己有可能会感到满足。这样的话，我的努力和加油可能就会停滞在这个层面上而不会进一步

拼搏和努力。当然，这样也不是说不可以，但我想既然怎么活着都是一生，那还不如挑战自己的极限，进行不断地努力和拼搏。

山中：挑战极限进行不断地努力？

稻盛：是的。创立京瓷公司的时候，我就下决心无论是在技术研发上，还是在企业经营上，都要进行不断的努力、最大限度的努力。所以就下定决心要攀登别人没有攀登过的更高的山峰。

山中：也就是说，不是因为想攀登高峰而努力，而是因为想不断地努力，所以选择更高的山峰，是这样吗？

稻盛：是的。想要将不断的努力坚持下去，就必须选择更高的山峰。在心中确定好一座高山，决定自己一定要去攀登，那么公司即便是取得了一点成绩，也会对自己讲"还差很远呢"，然后继续朝着山顶努力。不去想自己能不能登上山顶，只是一门心思地朝着山顶不断努力。

山中：稻盛先生进行不断地努力所要攀登的那座高峰，那里可能会有的东西，或者是自己所期待的东西，是什么呢？

稻盛：应该是人类极限的可能性吧。不是说要变得多伟大，或者要变得多有钱这样有限的、肉眼可以看到的东西，而是作为人类所拥有的无限的可能性。可能可以说人类的可能性是无限的。因为相信这一点，所以我选择更高的山峰来进行不断的努力。从京瓷公司成立的时候开始，我就把我的这个想法不断地宣讲给员工们听。在我所尊敬的企业家里，有松下幸之助、本田宗一郎，还有索尼的井深大这些技术型的创业者，也正是因为有他们的教导，我才不把攀登高峰作为目标，而是把攀登高峰作为实现不断努力的手段，为此，就需要不断地去选择攀登更高的山峰。

山中：您对员工也讲“相信人类无限的可能性，所以要努力”？

稻盛：是的。实际上在操作的时候我设定了更为具体的目标。当时京瓷创业的时候位于京都市中京区西京原町，所以当时就跟员工设定目标说：“京瓷现在刚刚成立，还是一家可能风一吹就会被吹跑了的小微企业。但我们首先要努力争取把我们的京瓷建设成为西京原町最优秀的企业。当成为西京原町最优秀的企业以后，我们就努力成为中京区最优秀的企业。成为中京区最优秀的企业之后，那我们就努力成为京都市最优秀的企业。成为京都市最优秀的企业之后，那我们就努力成为全日本最优秀的企业。成为全日本最优秀的企业之后，我们就努力成为全世界最优秀的企业。”设立远大的目标，大家共同朝着更高的山峰迈进！就这样，几乎每天都对员工宣讲，给员工鼓劲。

山中：员工有什么反应呢？

稻盛：当然也有忍不住笑的员工，但我不在乎那些，还是重复地宣讲。我认为，作为一个领导，无论部下愿意听还是不愿意听，都必须将自己认定的事情不断地向部下宣讲，直到对方从心里认同。领导必须不断地宣讲自己的经营哲学，而这能够成为部下工作的巨大动力。

山中：在您去重建 JAL 的时候，您也是这样进行员工教育的吗？

稻盛：主要是号召 3.2 万名员工，每个人都在自己的岗位上加油、努力，无论如何也要实现我们公司的重建。如果员工心里没有这样的想法和干劲儿，我想 JAL 将不会如此顺利地实现重建。从就任 JAL 的会长到卸任这 3 年里，我有两个发言，曾经上了报端并引起了很多人的热议。一个是就任 JAL 会长一个半月之后的记者招待会上，我说“JAL 的经营阵容里面，有经商头脑的人太少了，这样的经营层估计经营家小卖店也会很困难”。还有一个就是“我讨厌蛮横无理的 JAL”。这两句话我在就任会长之后召集 JAL 干部开会的时候也说过，在电视台采访我的时候也说过。虽然这在 JAL 公司内部似乎引起了一些人的很大不满，但这些话都是我的真心话，里面实际上存在着导致 JAL 破产的根本原因。

之所以我说他们连家小卖店也经营不好，这不是说我瞧不起小卖店的经营。当时 JAL 的干部几乎可以说完全没有获得利润的意识，甚至把获得利益看成是罪恶的。当他们跟我说我们航空事业工作者的使命是坚守安全而不是盈利的时候，我都惊呆了。

山中：那估计是受到御巢鹰山坠机事故的影响太大了吧。

稻盛：应该是的。为了安全，把所有的经营资源都集中到了确保安全方面。保护乘客的安全才是他们的使命，盈利根本就没被想起来，公司里的人基本上都是这么想的。但问题是要确保安全的话也是需要很多资金的。所以我就反驳他们："一家快要倒闭的，连钱都没有的公司，如何去确保乘客的安全？是不是只有创造出利润，公司经营上有实力了才有能力来谈确保乘客安全啊？"JAL 的干部似乎从来没想过这样的逻辑，听了我的话，似乎都惊呆了，睁大了眼睛。

山中：他们之前应该是一直认为确保乘客安全和追求利润是不可能同时实现的，是水火不相容的吧。

稻盛：用他们那样幼稚的理想论，能把企业经营好才奇怪呢。但 JAL 是代表日本的航空公司，能够进入 JAL 工作的人也都是人才中的佼佼者，当然也有不少接收进来的快要退休的政府官僚。所以 JAL 的体制说得不好听一点就是一种官僚主义的体制，而作为一家企业所必要的基本哲学和企业文化则是完全缺乏的，他们有的只有作为上流人士的意识和近似于虚荣的尊严。这就是我刚刚就任 JAL 会长时候的真实感受。

山中：是嘛。

稻盛：也正是因为他们那过度的虚荣和所谓的尊严，他们在面对顾客的时候就只会按照规定的流程去做，根本没有用心去工作。接受他们的服务的时候根本感觉不到那种从内心流露出来的对每一位客人的珍视。所以我很长一段时间都没有搭乘 JAL 的航班。不光是我，相信有很多人都感觉到了他们的那种蛮横无理的态度而选择了远离 JAL。这也是 JAL 经营破产的一个重要原因。

山中：那您为什么会答应重建 JAL 呢？

稻盛：最后我决定答应重建 JAL，是因为我想到了三个人间大义。第一个，如果 JAL 破产了，那么日本的航空业界里就只剩下全日空（ANA）这一家大企业了，而这容易形成垄断状态。如果真的这样了，就会有个担心，就是机票价格可能就会变得不合理，国民所能享受到的服务的质量可能也会变差。第二个，就是担心如果 JAL 这样的大企业倒闭了，肯定会给长期以来一直比较低迷的日本经济带来更加恶劣的影响。第三个，就是需要保证还留在公司里的这些人的雇用问题。因为 JAL 的经营破产，本来的 4.8 万名员工里面，有 1.6 万人已经从公司离开了，而且当时整个社会的状况是就业难，所以我想到剩下的这 3.2 万名员工，无论如何也要保住他们的饭碗。

山中：刚才您说过根据人间大义来做出决定之后，就不会有不安或困惑，重建 JAL 公司的时候也是这样吗？这和太阳能发电事业，以及创立 KDDI 的情况应该有很大的不同吧。

稻盛：一样的。带着人间大义决定全力出击之后，我还是完全没有感到不安或困惑。当时人们都说 JAL 的重建必定会失败，“不论是谁来做都会失败”，也有人说“一个制造业出身的稻盛，肯定没有办法来完成重建的”。而实际上也正是他们说的那样，对于航空运输业，我的确是个门外汉，根本什么也不懂。

山中：关于如何进行重建，当时您心里有数或者说有一定的胜算吗？

稻盛：我这样一个航空运输业的门外汉，带入 JAL 的只有两件东西：一个是按部门结算制度；另外一个就是我的经营哲学。这两个都是京瓷公司发展的根本，而在 JAL 里面却不存在。很多人会认为按部门结算制度只是对制造业有用的经营体系，但我认为即便是不同的行业，这套经营体系应该也能发挥出强大的作用。但这是有前提条件的，这个前提条件就是对 JAL 的所有员工进行思想意识改革，让他们每一个人都真正带有当事人意识。

山中：让所有员工都有当事人意识，能做到这一点有什么诀窍吗？

稻盛：2010 年 2 月我就任 JAL 会长之后，首先做的一件事情就是向包括干部在内的全体员工发出了两个声明：第一个是“大家听好了，JAL 已经破产了”，这是为了让他们从美梦中清醒过来；第二个是宣布“新的日本航空的经营目标，是追求全体员工的物质与精神两方面的幸福”。之所以这么做，是因为在我第一次到品川 JAL 总部的时候，感到很惊讶，看到干部都很悠闲，在公司里根本感觉不到 JAL 已经破产了的气氛。负债总额达到 2.3 兆日元，这是战后日本上演的最大的破产闹剧，但由于即便是破产了航班还是照样每天都持续地起飞降落，所以无论是干部，还是一般员工都没有公司已经破产的意识。自然而然地，他们也就跟破产之前一样，带着同样的意识，每天做着同样的工作。

山中：所以您发布的第一个声明就是“大家听好了，JAL 已经破产了”。

稻盛：我就问他们“日本航空已经破产了，你们知道这意味着什么吗？”一般来讲，破产的话，大家本应该失去工作流浪街头，但现在是国家、金融机构，还有企业再生支援机构拿出钱来支援我们，所以正是因为有了这些支援，我们现在还能苟延残喘。而接下来如果我们自己不努力实现重建的话，那将没有谁会再来支援我们。所以为了能够实现重建，我们必须先改变我们的思想意识。

山中：道理非常简单易懂。

稻盛：如果所有员工都没有“自己的公司需要自己努力进行重

建”这种当事人意识的话，重建工作是不可能成功的。所以首先需要每个人都认识到 JAL 已经破产了，有这种自我认知。但只是认识到这一点的话还是不会有当事人意识，所以我紧接着又宣布了公司的经营理念，即日本航空的经营目的是“追求全体员工的物质与精神这两方面的幸福”。

山中：是嘛。

稻盛：企业，不是为了股东的利益，更不是为了经营者自身的私利私欲，首先是为了聚集到企业里来的所有员工的幸福而存在。这是创立京瓷公司时我的信念，也是京瓷公司的经营理念。因此，我也将它确定为新日本航空的经营理念。当时提出这个经营理念的时候，有干部担心公司用着国家的钱进行经营重建，而提出的经营目的却是为了员工的幸福，这样做会不会遭到国民社会的批判。但我不担心，因为我相信只有所有员工都能在物质和精神两方面实现幸福，公司才能够为乘客提供更优质的服务，也才更能确保乘客的安全。这样一来，企业的社会价值就能够得到提升，最终的结果，股东也会获利，也能够对社会做出巨大的贡献。

山中：的确如此。

稻盛：如果公司不考虑员工的幸福，那员工的工作热情肯定就不会高涨。所以我就把这个经营目的，对包括临时员工和派遣员工在内的所有员工，不断地重复和宣讲。为了自己个人的幸福，也需要大家齐心合力共同把我们的公司建成一家了不起的公司。同时再跟他们讲刚才说过的三个人间大义，让每个员工都理解成功实现 JAL 的重建，不仅仅是为了我们每一个人，是因为有这样的人间大义在，是在为整个社会做贡献。

山中：明白了有这样的人间大义，员工应该会更加努力了吧。

稻盛：是的。要努力、加油就必须有勇气和希望。公司破产，很多同事都离开了，自己的工资减少了，劳动条件也恶化了，来自世间的舆论更是积毁销骨。而在这个时候要靠自己的力量来实现奋起，就必须有勇气和希望。而我认为“追求全体员工的物质和精神这两方面的幸福”这样的经营理念和“为了贡献社会”这样的人间大义，正可以向他们提供这种必要的勇气和希望。就这样在不断地宣讲和感染下，大家开始想到“日本航空是大家伙自己的公司”的时候，经营重建就具备了强大的共同意识。其结果，自然而然地在每个人的心里就会形成为了自己公司的重建，为了大家的生活而拼命努力这样的心态，于是在公司里从干部到员工，都会形成一种即便是牺牲自己也要实现公司成功重建的坚定态度和决心。

山中：这种意识上的变化，大概花了多长时间呢？

稻盛：在提出经营理念的时候，我同时把我的人生哲学，也是我的经营哲学——京瓷哲学，对包括干部在内的全体员工进行了宣讲和灌输。也就是说，为了实现重建日本航空的人间大义，为了实现全体员工的物质和精神这两方面的幸福，就需要这样的思维方式，就需要这样去思考、工作，让全体员工都共享这些经营哲学。

同时，我又将按部门结算制度导入公司的经营，把经营体系重新做了调整。这是众所周知的京瓷的阿米巴经营，将企业组织分成许多小的组织单位，对每个小单位的收支和经费进行单独核算，从收入中减掉经费就是那个小单位的利润。这样做是为了让每个员工都有经营者意识。在 JAL 的话本来是按部门、按航线来进行核算，而在我导入了阿米巴经营之后，现在是按每一次航班来结算收支，一次航班的收支基本上在第二天就能算出结果来。就这样在硬件和软件这两个方面的同时推进下，慢慢地，员工的意识开始发生了变化。然而即便是这样，说服干部也花了半年左右的时间，而全体员工都接受我的经营哲学的话，估计至少也花了 1 年左右的时间吧。

山中：稻盛先生的经营哲学，是在什么情况下以怎样的方式进行灌输的？

稻盛：首先对 50 个经营干部，花了 1 个月的时间，彻底地进行了领导力方面的培训。1 天 3 个小时的培训，1 个月进行了 17 次，另外还进行了多次集训。后来各个现场的负责人听说公司干部进行了培训，提出他们也想参加培训，于是就用播放干部培训时录下的录像的方式，对于现场负责人也进行了多次培训。所以这样一来差不多有 3000 多人接受了培训。还有就是各个现场的工作人员，对他们采取的是我直接到每个现场去转，然后直接面对他们进行演讲和培训。

山中：稻盛先生亲自到现场培训？这真了不起。

稻盛：无论干部工作多努力，实际上直接与顾客接触的是现场的一般员工。在机场的窗口柜台负责登记注册的员工如何接待顾客？在机舱内为乘客服务的乘务员如何为乘客提供服务？负责开飞机和安全驾驶的机长、副驾驶员如何进行机长广播？还有负责对飞机进行维护的维护人员，以及负责装卸乘客的托运行李的机场行李担当人员，他们都是带着怎样的心态来工作的？这些人的贴心工作才能真正打动乘客，乘客会不会想“下次也搭乘 JAL 的航班”，这直接由现场工作人员的一举一动决定。所以就需要他们带着这样的意识来工作，不能只是按照规定动作和流程来工作，而是要用心，用自己的语言和行动来接待客人。所以我一边对现场进行探访，一边将我的想法和希望对在现场工作的员工进行宣讲与灌输。

山中：一边听您讲，我一边想到了您提到的“进行不断的努力”那句话。如果想让部下也进行同样的努力，对于领导来讲，需要的可能就是让部下拥有梦想、看到梦想和方向的能力了。而对于JAL的员工来讲，所需要的可能就是这种因不同的企业文化而产生的震撼吧。

稻盛：企业文化的差异很大，所以开始的时候他们的抵触情绪也很大，真是很伤脑筋。尤其是来自高管和干部的抵触，太强烈了。首先有着他们强大的所谓的自尊心，他们是日本航空这家大企业的员工。而高管层更是如此，清一色的东京大学出身的高材生，表面上每个人说起话来都非常有礼貌，但实际上心里都在抵触，脸上写着“这个80岁的老大爷在说什么呢”。

用做人的正确标准来判断

山中：原来如此（笑）。

稻盛：这个时候，即便是跟他们讲“要用做人的正确标准来判断”，他们也会想：工作这么忙，我们为什么一定要听这种父母说给孩子听的这样的话呢？

实际上“京瓷哲学”的内容非常简单，都是作为一个人所应该具备的道德观和价值观。“必须始终保持谦虚，怀有一颗纯真的心”“始终保持乐观，积极向前”“认真地、拼命努力地工作”“脚踏实地，坚持不懈”“深怀感恩之心”等，都是做人应有的姿态，是对人性本善的归纳和总结。每一条都是小时候父母或老师说过很多遍的事情，也是谁都知道的事情。

山中：但真的要实践的话很难。

稻盛：是的。所以我就跟他们讲："你们只是知道而已，并没有真正掌握。你们认为这些是滑稽可笑的小孩子才会被说教的道德观，可是你们每天在做出判断或者实施行动的时候，又有几个人能够在这些道德观的基础上行动呢？你们可能都知道，但根本没有执行，所以你们根本就不能把企业经营好。"嘴上什么都知道，就是不实践，所以我有时候也会大声地骂他们："你是评论家吗？"记得有一次我真是太生气了，怒发冲冠，将桌子上的湿毛巾抓起来就扔到了那个人的脸上。

山中：他们肯定会感受到一些什么。毕竟进入了社会，很少会有人这么动真格地来指责自己了。

稻盛：是的。但也没办法，我只有相信自己的判断，不断地给他们灌输和宣讲。每天都不断地讲，每天都会遇到让我恼火的人，然后再把他臭骂一顿。就这么坚持做下来，结果开始有人开窍："原来如此，可能有些道理。"有一个人开窍了，就有第二个，然后第三个，逐渐增多，紧接着就像是多米诺骨牌一样，经营哲学一下子就渗透下去了。当然，也可能是他们看到我这个原本跟 JAL 一点关系都没有的老头，也不要工资，每天从早到晚拼命地给他们讲这讲那、骂这个骂那个，看得多了之后，可能就形成了"既然是自己的公司，那就更应该尽全力来奋斗”这种想法吧。

山中：这应该是因为您有从京瓷创业的时候就开始培养的人心操控术的缘故吧，也正是因为稻盛先生您，所以才成功了。

稻盛：当然我也不是单纯地骂他们，为了让他们理解我，还是需要建立起信赖关系的。所以我也将在京瓷创业初期就开始做的交流工具“聚餐会”也导入 JAL 里面来了。

山中：这里的聚餐会，是喝酒聊天吗？

稻盛：是的。开会的时候大家都很小心翼翼，气氛紧张，而会议结束之后，就把会议室里的桌子和椅子摆好，再从便利店买来易拉罐啤酒和下酒小菜，在轻松随意的气氛下进行这个聚餐会。因为公司破产根本没有钱，所以最初都是我个人掏腰包，后来就是每个人收 1000 日元的参加费。一边喝酒一边聊天，就能把心房打开说真心话，有什么不同意见也会开始反驳。JAL 重建的很多问题和课题，都是在这样的意见相互碰撞之下得到有效解决的。而且干部也开始对企业经营感兴趣，开始觉得有趣。这样一来，本来他们就是一群对航空业非常熟悉的能力很强的人，所以 JAL 的成功重建也会非常迅速，眼看着经营业绩就飞速提上来了。

山中：意识改变了，行动也就改变了。

稻盛：曾经被称为标准化作业的日本航空的服务，眼看着也得到了改善。全体员工都将顾客的满意作为第一目标，真正做到了自发自觉地用心服务，乘客的满意度也迅速有了大幅度的提高，甚至有的乘客寄来了感谢信。

还有，按部门结算制度的效果也非常明显。以前 JAL 的干部和员工，对经营数字根本不关心，也从来不在乎。而如今通过向全体员工公开绩效数据等信息，员工从上到下开始有了结算意识，并且能在接受认同的基础上开始对自己的业务进行改善活动。举个例子，比如机舱内免税品的销售，当要求乘务员自主策划一些销售活动之后，乘务员自发地对乘客到底需要什么商品这个问题进行彻底的市场调研，而且她们自己进货。这样，她们将乘客喜爱的商品用相对便宜的价格销售给乘客，在免税品销售上也创造出了合理的盈利模式。再比如维护保养部门，用过的沾满油污的手套也不再就那么扔掉，而是带回家洗干净了之后拿回来再用。就这样，现场的思维眼看着就活跃了起来。

既然要研究，那就指向更高的山峰

山中：听了稻盛先生讲到“进行不断的努力”这一决心，以及为了实现 JAL 的成功重建而做出的不懈努力，我真的非常有感触。从您的这番话里面，我感觉又获得了朝着自己的梦想奋勇前进的巨大勇气和希望。

稻盛：哦，那真是太好了。

山中：我现在作为京都大学 iPS 细胞研究所的所长，需要用心去做好的，就是在包括研究学者在内的 300 多名教职员工面前，明确地指明“我们现在要去攀登的就是那边那座山峰”。这里一定要指明我们就是要登上那座山峰，登上那个山顶，否则大家就可能变成在山上散步了。

稻盛：哦，是嘛。

山中：是的，经常发生这样的情况。在山里随意地散步，或者是在山脚下轻松自在地走走，就结束了。这当然很轻松，而且学生也会有一种跟登山类似的感觉。这个时候如果问他：“喂，你到底是要往哪里走啊？”他可能就会回答：“只要能在山脚那边散散步，对于我来讲就很满足了。”可是我们是要攀登那边的那座山峰，是要登上那个山顶啊，稍微绕点远路也没关系，为了接近山顶一点一点地做实验也没关系，但如果是随意地就这么转一下的话，那还是算了吧。

稻盛：山中老师作为研究所的领导，从一开始就会给所有人指明要攀登那座山，要登上那个山顶，对吧？那为什么还会有人把登山变成在山里散步呢？

山中：从我自身的经验上来看，我觉得可能是要维持一个研究者的热情和斗志，的确是一件不容易的事情。尤其是当所要攀登的山越高，热情和斗志就越难维持。

稻盛：山中老师有这样的亲身体会吗？

山中：是的。虽然我从临床医生改行开始进行基础研究，但无论哪一条路，最终目的都是为了治好患者的病。所以说这也是热情和斗志的源泉所在。目的地都是那座山、那个山顶，但做临床医生的时候，帮助眼前的病人，治好他们的病，这就是临床医生的工作，不论能不能治好，短期内总会有一个清楚明白的结果。而进行基础研究却恰恰相反，在短期内不可能为哪一个患者治好病。研究花了很多时间之后，有了成果，或者中途将自己的研究交给其他研究者再继续进行研究，比如说可能要花 10 年、20 年，甚至 100 年，但迄今为止没能治好的病，有可能通过研究得出的成果就可以治好，有时候也会一下子治好几千人，甚至几万人的病。我自己虽然放弃了临床医生这条路，但还是想通过别的方式来为患者的治疗做出贡献，所以才改行进入基础研究的世界。

稻盛：是这样的。

山中：但问题是，真正进入基础研究的世界之后，一开始自己做实验的时候，因为实验的结果而一喜一忧，非常有趣，而随着时间的推移，比如就这样过了几年之后，自己就会产生这样的疑问：自己所做的这些，是不是真的能治好患者的病啊。比如说明了基因的一个功能，那就可以写成一篇论文，作为自己的一个研究成果，但这不会对治疗患者的病有任何直接性作用。再加上这样的成果，也真的是偶尔才会得到，遇到的概率很小。要帮助受病魔煎熬中的患者治好病，这是要攀登的那座山的山顶，这样的心情当然是有的，但一直拿着老鼠做实验的我，是不是真的能爬上那个山顶呢？

稻盛：原来如此。

山中：那边比较低的山顶，应该能攀登上去，可是，要攀登这么高的山的山顶的话，这会不会是不可能实现的事情啊。有了这样的想法之后，研究的热情和干劲就开始慢慢地降温了。也就是说，认为自己是不可能成功的。既然自己不可能成功，那还不如回去当临床医生，帮患者治疗，那样更能确确实实地为他人做点贡献。所以当时我也差一点就要放弃基础研究了。而就在那个时候，很偶然地，我在奈良先端科学技术大学院大学这个有着很好的研究环境的研究生院获得了工作机会，当时我就想：既然这样的话，那就再坚持着做一下。而且当时也给自己确定了目标：既然要继续做研究，那就豁出去了，指向更高的山峰。一开始如果没有制定高的目标，一开始如果没有胸怀大志，那肯定不会有好的结果。所以，就直接指向更高的山峰。

稻盛：的确如此。

山中：从那之后，我非常幸运，遇到了很多像高桥君这样优秀的同事，最后竟然研制成了 iPS 细胞。

稻盛：同样是研究开发，我们制造企业是有交付期限的，所以需要在相对比较短的时间内把结论做出来，而像您这样搞基础研究，的确是很难，就像是在没有航海路线，也没有指南针的情况下在大海里航行一样。不仅仅山中老师是这样，还有那些不知名的大多数的研究者，大部分人的内心都会有这样的纠结吧。

山中：是的，所以让研究者和教职员工能更好地维持他们的热情和干劲儿，我感觉这就是我现在的首要工作，其中最重要的一项就是明确地给他们指明目标“我们就是要攀登那座山峰”，所以我就把目标“CiRA”直接确定为研究所的名称。

稻盛：研究所的名称，不是京都大学 iPS 细胞研究所吗？

山中：向文部科学省提出申请的时候，正式的名称就是京都大学 iPS 细胞研究所。当时我认为这个名称是为了提交申请而临时制定的，可谁知后来大学方面跟我说这个名称已经提交给文部科学省了就不能更改了，但英文的名称可以由我自己自由决定。所以最后我就将研究所的英文名称定为“Center for iPS Cell Research and Application”了，“CiRA”是这个英文名称的缩写。

iPS 细胞研究所，如果直接翻译过来的话，是 Center for iPS Cell Research，而我觉得必须是 Research and Application，Application 是不可或缺的。因为这个 Application 就是临床应用，是我们所要实现的最终目标。

稻盛：原来是这样。这不仅仅是对研究所里的教职员工，也向全世界的研究学者明确地展示了研究所的最终目标啊。

山中：是的，让大家都知道我们的 CiRA 不仅是一个进行基础研究的地方，我们的最终目标是要实现临床应用。日语名称已经没办法改了，但至少英文名字里面一定要将这个 Application 加进去，要明确 CiRA 是为了治病而进行研究。写论文，发表论文，这只是一些中途的目标。我想只要把这个目标先搞清楚了，弄明确了，聚集到我们研究所的教授、研究学者以及业务人员等也都会不一样。

稻盛：嗯，应该会不一样。

山中：事实也是这样，现在研究所里就聚集了很多热情高涨和斗志昂扬的研究学者与临床医生。尤其是临床医生，他们的热情甚至比我本人都高涨。我基本上已经没有什么机会直接为患者看病了，但他们都是在职的临床医生，为患者诊断治疗，也为患者制作患者所需要的 iPS 细胞。这都是迄今为止没有过的研究。迄今为止的研究和实验，都是在实验室里，用老鼠的细胞进行的，即便是用人的细胞来进行实验，也不会知道到底是在用哪个人的细胞，或者是几十年前就已经去世了的人的细胞。而现在，要制作 iPS 细胞，就需要用某个患者的细胞，或者是用那个患者的母亲的细胞。虽然在进行实验的时候都是进行匿名化的，但是在用特定的人的细胞进行研究。

iPS 细胞研究所（CiRA）研究栋（京都大学 iPS 细胞研究所提供）。

稻盛：这样看来，iPS 细胞这种万能细胞的成功开发，也为那些在医疗现场看着病人被病魔折磨而束手无策的临床医生提供了希望之光，或者说是给予了他们强大的勇气啊。

山中：我也这么想。因为有了 iPS 细胞的技术，原先那些被认为不可能攀登的被放弃的高山，可能因此就又可以攀登上去了。尤其是对每日为那些患疑难杂症的患者治病的临床医生，以及那些研究这些疑难杂症的研究者来讲，iPS 细胞技术的诞生应该是给他们提供了希望之光和勇气。

稻盛：的确如此。比起在山脚往上看的时候，这个山顶明显近了很多。

山中：是的，对我自己来说也是这样。在山脚的时候，看着云端上面的山峰，这真的能爬上去吗？当时自己也很迷茫。后来有了 iPS 细胞这个工具之后，感觉自己一下就到了山腰。这个时候再看山顶，就感觉努力一把的话应该可以到达。后面虽然还有非常陡峭的悬崖，但这时候就会想：都已经到了这里了，只要拼命努力的话肯定是可以的。所以 iPS 细胞技术真的给了我希望，还有就是坚持到最后的勇气。

稻盛：这也是因为山中老师曾经作为临床医生直接接触过患

者，也亲眼看到过患者与病魔搏斗的场面。虽然那个时间比较短暂，但这个经验应该也很重要吧。

山中：是的，我认为那是我的原点。但现在作为 CiRA 的所长，我想要实现的是即便不是医生，利用 iPS 细胞技术这个工具，也能够为患者治病。我已经将这个想法和目标在研究所里做了彻底的灌输和渗透。

稻盛：哦。

山中：在 CiRA 工作的 300 多个人当中，临床医生只是很少一部分。来自理学部或者农学部以及其他一些专业的研究人员，还有研究生和年轻的学者占绝大部分。无论对他们怎么清楚明白地讲“ CiRA 的目标是临床应用”，他们内心总是会有“自己不是医生”这种想法。而这样的话就很难维持他们的热情和干劲儿。所以我就经常跟他们说，你是不是医生这并不重要，不管你是不是医生，只要你做了这项研究取得了成果，那就能为患者治病。所以我感觉对他们的意识上的改革，认识上的改变，还是很有必要的。所以刚才听了稻盛先生讲的 JAL 重建的话题，我深受鼓舞。正如您说的，作为一个领导，一定要给予部下梦想，所以就要不断地跟他们宣讲愿景。

想要建立 iPS 细胞研究的大本营

稻盛：自 iPS 细胞的技术研发成功以来，包括山中老师的研究所在内，世界上无数的研究机关的研究人员一下子都朝着山顶开始攀登了，而最终的山顶可能就是像珠穆朗玛峰，或者是麦金莱山那样直插云霄的陡峭山峰。而我想问一下作为 iPS 细胞技术的始祖，山中老师的登山队现在大概处于哪个位置？是在朝着哪座山攀登呢？

山中：我现在是在大本营。

稻盛：哦？

山中：关于 iPS 细胞的研究，实际上面临着数不尽的山峰，有多少疾病就有多少山峰。各个专业的专家都在自己的专门领域里沿着自己的专业道路努力攀登，而我们就在下面负责守护登山的大本营，在必要的时候对他们提供支援，我觉得这是我们在日本应该做的事情。所以现在我正在努力建设这个登山大本营。

稻盛：具体来讲，在这个大本营里主要都做什么呢？

山中：一个内容是准备和援助登山所需要的物资等。一般来讲，登山需要很多东西。虽然要攀登的山峰不一样，但所需要的道具等会有一定的类似性。只要在大本营里把这些所需要的物品和道具准备好，那大家在登山的时候就没有必要去各自准备了，而且比如这个登山队用完了这个道具，还可以转交给其他登山队使用。

稻盛：这里所说的共通的东西，会是一些什么样的东西呢？

山中：比如说知识产权。iPS 细胞技术有很多重要的专利，这些专利都是由国立大学的京都大学所获得并持有，而且也建设起可供国内外广大研究者和专家，以及企业可以广泛使用这些专利的环境。因此 CiRA 里面也有知识产权部门，通过部门里的知识产权专业人员的努力，我们已经在世界上 30 多个国家取得了各项基本专利。而且我们也在进行一些讲习会和培训课程，目的是用最新的方法对 iPS 细胞的制作技术进行普及。所以，像这样的这些基础共通性的工作，就是我们现在正在努力着的。

稻盛：山中老师自己不去登山吗？您不想和那些专家登山队一起登山吗？

山中：我自己当然也想跟大家一起登山，因为只有自己真正去登山，内心才会有真实的感觉。但这样的话，也会看不到很多东西。自己拼命努力地登山，就只会看到自己眼前的世界，比如遇到一段陡峭的山崖，心里可能就会想完了，肯定过不去了。可是如果从远处看的话，就可以发现并没有走到绝路上，稍微往右边上一下的话就可以绕过去。在做研究的时候，经常会有这种事情发生。

稻盛：原来是这样。听了山中老师的话，就感觉像登上了很高的山的山腰，而且现在连插个登山钉的地方都没有，在徘徊不前的时候，气温却变得越来越低，这个时候就有可能需要在这个悬崖峭壁上进行紧急露营。遇到比如说资金短缺等问题的时候无论如何也要克服掉，然后想尽一切办法向着山顶再靠近一步。细细想来还真是这样。

山中：实际上之前我也想过带领登山队自己也参与到登山过程中。现在实际上我也有一个一定要攀登上的山峰，在美国的那个小研究室里一步一步地做着一些研究工作，但一个月只能在那里待几天而已，所以可能每次只能向前走一步或者是两步。所以我在想，作为我自身来讲，可能哪一个山顶我都登不上去。所以我更希望各个专业真正的专家能登上去。而如何对他们进行支援？如何确保他们安全登山？我的工作和使命，就是来考虑和执行这些事情。

是跑马拉松还是跑 100 米

稻盛：关于以 iPS 细胞为中心的再生医疗的研究，听说政府从 2013 年已经开始进行长期的支援。这里所说的支援，不光是支援京都大学的 iPS 细胞研究所，还包括日本国内其他的研究机关吧。

山中：是的，包括京都大学在内，国内有很多研究机关在进行 iPS 细胞的研究，对这些研究，政府会进行长达十年的巨额资助。在进行研究工作的时候，如何才能实现长期的持续的支援，这非常重要，所以我们也非常感谢政府提供这样的帮助。在获得诺贝尔奖，召开记者会见的时候我也说过，没有国家的支援，iPS 细胞的研究也不会取得成功。所以，可以说这个诺贝尔奖是日本，或者是日本的全国人民得到的奖项。

稻盛：从这里也能看出政府是非常重视像 iPS 细胞这样的先端医疗研究的。当然不仅仅是日本，现在世界各国都在投入很大的成本来加强自己国家的研发，争取能在激烈的国际竞争中获得优势。因此估计政府对山中老师的期待也是非常高的，而您是不是也能感受到很大的压力啊？

山中：我想期待应该是很高。经常会有人说我背负的压力肯定非常大，不过实际上，我似乎并没有感觉到什么压力。

稻盛：哦，那太厉害了。

山中：可能是我比较愚钝吧，反正最后如果因压力过大而死了的话，那我也就结束了（笑）。自己应该做的事情都还是那些事情，也不是因为被谁期待了所以才去做，而是因为我自己内心觉得要做所以才去做的，所以我对周围的期待应该说是比较不敏感，感觉不到什么压力。不过话说回来，自己想要做到的事情，到底能不能实现，在这上面自己会给自己一些压力。

稻盛：我觉得您这样非常好。如果对周围的期待太敏感，感觉到太大压力的话，那可能就会忘记自己最初所抱有的纯粹目标，而这就会让自己遇到很多麻烦。所以从这个意义上来看，我认为感觉不到压力是非常好的事情。

山中：能够跟 iPS 细胞技术相遇，作为一个研究者我觉得自己非常幸运。而这也让我感到责任重大。因为虽然 iPS 细胞研制成功了，但还没有一个患者因此而获得健康。将 iPS 细胞技术的安全系数变得更高，并实现在各种各样的再生医疗的研发之中活用之后，才能真正应用到患者的治疗当中。作为曾经的临床医生，只有到达那一步，我才觉得自己可以满足了。如果不能对临床医学有用的话，我觉得是没有什么意义的。能有这样的想法，可能也是因为我体内有比较多的技术人员的基因吧。

稻盛：那应该就是您从您父亲和您祖父那里继承过来的。

山中：但想要让自己能看到那一天的话，就必须活的时间长一些。我祖父 48 岁就去世了，我父亲是 58 岁去世的，所以我们家可能有早死的倾向。为了自己不早死，我现在非常注意增强自己的体力，会去跑马拉松。

稻盛：马拉松的完整路线吗？

山中：是的。2014 年秋天的神户马拉松，我会作为友情出场者参加。这次马拉松大会的主题是支援东日本大地震受灾区的复兴。本来我也喜欢跑步，在奈良先端科学技术大学院大学的时候我每天都会在大学校园里跑步。来到京都大学之后，每天午休的时候我就会沿着鸭川（流经京都市内的一条河）跑 30 多分钟。

稻盛：跑完马拉松的完整路线，大概需要多长时间呢？

山中：2012 年京都马拉松的时候，我跑下全程花了 4 小时 3 分 19 秒。当时为了让更多的人来捐款资助 iPS 细胞研究基金，我以跑完全程为条件，参加了在网上进行的大众募资。虽然当时非常担心自己万一跑不下全程来该怎么办，但好歹跑下来了，而且也获得了 1000 多万日元的捐款。2013 年的大阪马拉松，为支援马拉松大会本身的募捐活动，我作为“募捐大使”也出场了，当时花的时间是 4 小时 16 分 38 秒。

稻盛：太了不起了。

山中：跑步当然一方面是为了增强体力，但实际上作为一个研究者，我从马拉松中学到了很多东西。

稻盛：哦?

山中：同样是跑步，跑 100 米和跑 42.195 公里的马拉松，跑法完全是不一样的。100 米的时候，需要从一开始就冲刺，一直到终点，拼死地像疯了一样地跑。这期间不会考虑其他任何事情，就只想怎么跑才能提前 1 秒到达。

稻盛：是的。

山中：马拉松如果也这么跑的话，那途中就没有力气了，肯定到达不了终点。即便是能坚持到终点，估计也只能是爬了，会花很长时间。所以在跑马拉松的时候，要考虑如何分配自己的体力，确定自己的节奏。从开始到整个比赛结束该如何安排自己的节奏，确定了节奏之后还有如何才能严格遵守这个节奏。在中途一边补给水分和营养，一边还要做到节奏不乱，这该怎么做？这都需要考虑清楚。看上去似乎是体力运动，实际上却是个脑力运动，经验什么的非常重要。跑了近 20 年了，深有体会。

实际上我从二十几岁的时候就开始跑马拉松，那个时候体力和速度都比现在要强很多，但从花的时间上来说，还是现在的短一些。年轻的时候不能合理地确定自己的节奏，一开始的时候拼尽全力去跑，结果到了后来就觉得十分煎熬，硬撑到终点。这次失败了分析总结了经验教训，心想下次跑的时候一定严格遵守自己的节奏，而真正到了马拉松的时候又会犯同样的错误。

稻盛：为什么还会再犯同样的错误呢？

山中：因为周围的人都在拼命地跑，自己也就失控了，就会超出自己的节奏。而现在不一样了。现在自己知道自己的体力已经大不如前，科技发达了都用上了有 GPS 功能的手表，可以知道自己的速度，这样就可以控制自己的节奏了。结果，现在跑完全程所花的时间要比年轻的时候还少。

搞研究也是一样。做临床医生的时候，眼前的手术就是一条人命，所以无论花多少时间也要把手术做完。有时候在做完手术的瞬间我自己都会晕倒。而现在，做研究所要花的时间是 10 年、20 年、30 年这样的时间单位，所以就要像跑马拉松一样明确自己该如何掌控自己的节奏，而且也告诫自己一定不能超越自己规定的节奏。

稻盛：我的情况跟山中老师的情况完全相反啊。

山中：稻盛先生从创立京瓷开始就一直是全力以赴地跑 100 米冲刺吗？

稻盛：是的。我都是进行全力奔跑。有很多人说，经营企业就像是跑马拉松，一开始全力奔跑的话，后面就没力气了，但我不这么认为。我觉得那样跑的话，根本就不会形成真正的竞争。当然，我本来就是个完全没有经验的经营门外汉。而经营门外汉如果就那么慢慢地跑，自己感觉可能是在奔跑，但在竞争中估计完全不是其他人的对手。

山中：原来如此。

稻盛：跑不完全程没关系，一开始的那 5 公里也好，10 公里也好，如果没有紧紧跟随一流选手的想法的话，最后肯定完全不是对手。所以我的做法是一开始就全力以赴地奔跑。那么这个时候，周围就会“看他能坚持多久”，结果在全力地向前跑的过程中，这个速度竟然成了自己的节奏，可能是习惯了吧，从公司成立到今天，都是全力以赴地跑了下来。公司刚成立的时候是一家完全没人知道的小公司，大企业根本不理我们。自己虽然不会讲英文，但还是硬着头皮跑到美国去找那些大企业谈合作。好不容易在众人的帮助下成立起来的公司，如果倒闭了会给太多的人造成困扰和麻烦，所以我从一开始就全力以赴地拼命工作。结果就这么跑着跑着，先是在大阪证券交易所第二部实现了上市，接着就是在东京证券交易所的第一部实现了上市。然后再继续拼命地向前跑的时候，过了不久公司的股票价格竟然超过了索尼公司成为日本最贵的股票。之所以能够取得这样的成果，我想还是我们一开始就全力以赴地向前跑，带着无论如何也要跟先头部队为伍这样的信念，坚持不懈地拼命努力的结果吧。

山中：的确如此。有很强的说服力。

稻盛：在 7 个兄弟姐妹中我是跑得最慢的，不用说马拉松了，就是在小学、中学的时候连替补队员也都没被选上过。但我很喜欢观看马拉松比赛，日本的三大马拉松比赛我基本上都会看电视直播。选手在什么时候会发力，发力的时候该怎样做才能更有效地追上去，我非常喜欢这样既紧张又兴奋地看。京瓷也成立了田径队，1992 年巴塞罗那奥运会的时候，当时京瓷的山下佐知子选手还参加了马拉松的比赛呢。

山中：是嘛，巴塞罗那的奥运会是……

稻盛：选手有森裕子为日本代表队获得了第一块马拉松的银牌，就是那个时候。当时在比赛之前，大家都预测说山下佐知子选手会获得冠军，因为当时她的确一直保持着很好的状态，而且也创造出了非常好的纪录。

山中：有了这样的预测，就更要努力了。

稻盛：是啊。在从日本出征之前我们还为她召开了壮行会，而且比赛当天正好我也出差到了欧洲，于是顺路去了西班牙到现场为她加油助威。记得当时跟她说："一定要紧紧地跟住先头部队，途中如果没跟上，那就根本不会有机会获胜了。如果你的目标是跑完全程的话那可能怎么跑都没关系，但如果目标是获得冠军的话那就绝对不能脱离先头部队，一定要紧紧地跟住她们啊"。她本人也回答说："明白了，一定努力紧紧地跟住"。但很遗憾，她没有跟住。的确当天是个大热天，她在中途体力消耗得差不多了没有跟住，获得了第五名。最终，第四名被检查出来使用了兴奋剂而失去了比赛资格，所以她获得了第四名。

山中：虽然没有登上领奖台，但也获得了名次。

稻盛：比起名次，我更在意她在比赛后记者采访的时候说的话。

山中：她当时是怎么说的？

稻盛：她说她本来设定的目标是进入前八，最后能进入前五，她觉得很高兴。她本人竟然这么说。回到日本之后，就被我狠狠地骂了一顿："你这个家伙，在出发前不是说过要争取夺冠的吗？"

山中：哦，这真是促使我重新考虑我的马拉松跑法的一段话。马拉松也好，研究也好，我与其说是想争第一，倒不如说是希望能获得自己最好的成绩。在跑马拉松的时候，曾经有个体育老师跟我说过这样一句话，让我至今记忆犹新："如果没有弃权的勇气也是不行的。"

稻盛：弃权？

山中：在中途放弃比赛的勇气。

稻盛：勇气？

山中：坚持继续向前跑当然需要勇气，但中途放弃也是需要勇气的，将自己的节奏放慢也同样需要勇气。这句话一直留在我的心里，作为一个研究学者，我当然也想再向前再继续，也想跑得再快一点，但有时会想：这样跑到底行不行啊。所以我就是带着这样的矛盾，一边困惑一边继续向前跑。

稻盛：从您改行开始做基础研究，就带着这样的矛盾吗？

山中：年轻的时候，哦，也许是最近为止，我都是全力以赴地跑的。有时候为了做研究，睡觉都可以忽略。结果 iPS 细胞的研究出了成果，我受到了大家的关注，当然也受到了很多的期待。就从那个时候我开始考虑“按照这个节奏拼命的话，我能否真正坚持到最后呢”，于是后来我就开始重新考虑我在接下来的 iPS 细胞研究当中的作用到底是什么。是让自己成为选手也去参加马拉松呢，还是为别人能顺利跑马拉松提供更好的环境呢？

稻盛：原来如此。这就是刚才说过的大本营，对吗？

山中：在 iPS 细胞的研发取得成功之前，我是个完完全全的参赛选手，当时也想着自己一定要跑到终点，自己一定要去跟世界高水平的科学家竞技。就像刚才您说的，当时也想过一定要跟住先头部队。后来就偶然地与 iPS 细胞这种自己从来没想过的技术相遇了，之后就开始纠结：究竟自己是作为选手继续向前跑呢，还是让那些更加优秀的选手继续向前跑，自己作为他们的教练呢？

稻盛：因为我自己也作为一个技术人员进行了很多研究开发的

工作，所以我觉得能理解您的心情。不过就像我刚才说过的，我一路跑过来根本没有想过自己的节奏什么的，而现在回头想想，不禁想说：年轻，体力也充沛，真是太好了。

山中：稻盛先生创办第二电电，就是现在的 KDDI 的时候，当时的年龄是？

稻盛：52 岁，正好是 30 年前。

山中：哦，那也就是说跟京都奖的设立是同一年？

稻盛：是的，在 1984 年的时候创立了稻盛财团，然后又设立了京都奖。创办第二电电也是那一年。还有就是“盛和塾”，这是我向一些中小企业的经营者传授我的经营哲学的学习组织，这个组织的成立是在 1983 年。

山中：一下就成立了三个啊，您的能量太强大了。当时是想到宁可把京瓷的经营交给别人，也要把这三件事情做起来吗？

稻盛：没有，当时我没有把京瓷的经营交给别人，而是自己一边经营着京瓷，一边做的。当然，京瓷的社长让给接班人去做了，但作为会长我还是持续地进行经营工作。所以说一边做着经营的工作，一边创立了第二电电、稻盛财团和京都奖。三项事业同时推进，作为我自己同样是全力以赴地跑下来了。

山中：那真是太了不起了。实际上我现在也正好 52 岁。

稻盛：是嘛，那您这才刚刚开始呢（笑）。

山中：今天跟稻盛先生谈话真的是学到了很多。接下来自己的人生马拉松的跑法，应该如何去跑，真的需要好好考虑一下了。一边听您谈话，一边在考虑这个问题。

稻盛：山中老师已经作为 iPS 细胞研究所这个世界上最高端的研究机构的领导者，为 iPS 细胞技术实现临床应用而一直推动着研究向前发展。通过这次对谈，我也感觉您还会有更大的发展和成就的。从只有 52 岁还这么年轻这个角度来看也是，您肯定还会继续向前发展的。

——稻盛说，没有勇气斥责，反而去讨好部下的上司，不会让公司成长。

第5章

真正的领导者

:: 带着大善之心去斥责那些真心想工作的人。

iPS 细胞的 3 个可能性

稻盛：顺便问一下，山中老师的研究所——CiRA 从成立到现在有几年了呢？

山中：今年正好是第五年。2010 年 2 月，CiRA 的研究大楼在京都大学医学部附属医院的西院内建成了，同年 4 月 1 日，iPS 细胞研究所成立了。

稻盛：我还没有去拜访过，听说一般的民众也可以到您那里参观，对吗？作为 iPS 细胞研究的世界上最先进研究所的所长，山中老师对这个研究的思维方式和期望应该也体现在里面吧？

山中：作为所长，我非常注重的是建立更加完善的研究者支援体制，以及建立研究者之间更容易进行相互交流的环境。在设计建设研究大楼的时候，我参考了 Gladstone Institutes，将那里的一些好的设计概念引进来了。在这些设计概念里，我最关注的就是将做实验的空间做成开放式的实验室，让做实验的研究者可以共同使用。

稻盛：开放式的实验室，是说实验室没有形成隔间吗？

山中：是的。在实验室里，我基本上把所有的隔板和墙壁都排除掉了，形成一个开放式的实验室，这样研究所里各个研究之间的通风性就会变得更好，他们自然而然地就可以进行交流。这对于研究的推进实际上是很有帮助的。

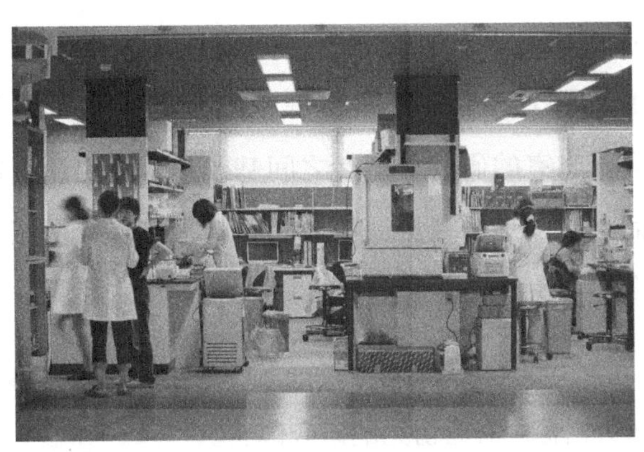

iPS 细胞研究所里面的开放式实验室的样子（京都大学 iPS 细胞研究所提供）。

稻盛：原来如此。

山中：CiRA 是一个对 iPS 细胞从基础研究到临床应用研究整个过程都进行研究的研究所，所以设置开放式实验室的好处，比如进行临床应用的研究员，可以在第一时间从进行 iPS 细胞基础研究的研究员那里获得最新的研究信息，这样就可以迅速改进或修正自己的实验方法或研究方向。遇到什么不明白的问题也可以随时向其他研究员询问请教。

稻盛：这样开放式的、研究员之间能非常容易地进行交流的研究环境，在日本的大学里或者研究所里，应该几乎是没有的吧？

山中：日本的研究学者，如果主宰了一个研究室，那他就是那个研究室王国的国王了。而且在大部分的研究所里，每个研究室都是用墙壁隔开的单独研究室，不同研究室的研究员相互之间基本上都不说话。这样的话，同样是研究员，他们之间却很难形成交流，我一直觉得这样会对研究的推进造成不好的影响。

稻盛：那样的环境，的确很难形成一个大家都朝着一个共同的研究目标而齐心协力的研究体制。

山中：所以在 CiRA，我设计的概念是，不让每个研究室成为一个独立的王国，而让整个 CiRA 成为一个共和国。实验操作台都是在一个开放式的楼层里排成一列，在这样的开放空间里，各个研究室的成员都在一起做实验，搞研究。

稻盛：但已经习惯了当独立王国的国王的那些大学教授，肯定会不习惯吧？

山中：肯定会有不习惯的人。所以我们在招聘研究员的时候就会事先跟他们说明：“CiRA 的研究体制是这样的，没关系吗？”确认不会有问题之后才会招他们进来。招聘的时候我们也会去选择那些有团队合作精神的人，以便组建我们全员合作的体制。

稻盛：能不能让所有员工有共同奋斗的目标，能不能形成团队合作共同努力的体制，这在民间企业里是非常重要的。为了实现这个体制，该怎么做？这是作为领导应该思考的问题。京瓷一开始就是这样。CiRA 也是新成立的研究所，所以实现这样的体制应该也比较容易吧。

山中：是的。是个全新的研究所，所有教职员工也都是新招聘进来的，所以做起来就比较容易一些。

稻盛：刚才您讲过 CiRA 这个研究所的目标是实现临床应用，是为了治病。那具体来讲，iPS 细胞的临床应用都包括一些什么样的内容呢？

山中：利用 iPS 细胞技术可以进行的临床应用主要有三个内容：一个是再生医疗，生病或受伤有时候会导致人体器官的部分功能丧失，而利用 iPS 细胞技术就可以通过细胞移植对这些丧失的器官或功能进行恢复。因为 iPS 细胞有分化多能性的特点，所以可以做成各种各样的细胞，将它们做成薄膜的形状，比如贴到受伤的器官上，通过这样的细胞移植来让人体器官恢复本来的功能。

比如对糖尿病患者，需要制作出能够调整血糖的细胞进行移植；如果是因为外伤导致部分神经发生断裂的患者，需要制作一些能够让神经网络重新实现链接的细胞进行移植，总之这样的再生医疗可以应用在很多方面。

第二个内容就是可以查明生病的根本原因。比如可以用心脏病患者的身体细胞做成 iPS 细胞，对这个 iPS 细胞进行一些刺激使它分化成为心肌细胞。而这个心肌细胞就是患者在患病之前，或者说是患者还是个小婴儿的时候的细胞。把这个细胞放到培养皿里面进行培养，就可以重现病变的整个过程。通过对这个过程的研究，我们期待可以找出发病的根本原因。

稻盛：能够做成刚出生的小婴儿时候的细胞，就像是把细胞生长的录像带倒回去一样，好神奇啊。但放在培养皿里进行培养的时候，肯定不会花跟在人体发生病变所需要的相同长度的时间吧？

山中：是的，如果真的要等那么长的时间的话，可能做研究的那个人就先去世了。这种在人体外通过病变过程的重现而采取的模型叫作病态模型，就像是将磁带向前快进一样，能够缩短整个过程。

稻盛：在患者体内发生的事情，却能在患者体外进行观察，而且还能像转动时针一样将时间拨快，这听上去真的是要进行一场医学革命啊。

山中：是啊。比如因为大脑里面的神经细胞发生病变而引起的疾患，从外面很难知道大脑里面到底发生了什么。而且从已经发生病变的细胞去推测病变之前细胞的样子也很困难。但如果利用 iPS 细胞技术，从制作患者的脑细胞开始，让细胞重现整个病变的过程的话，对类似于这样的脑疾患的治疗研究应该也能取得飞跃性的进步。

还有第三个内容，就是通过对病态模型的研究，可以推进新药的研发。比如能够研发出治疗迄今为止被认为无法治疗的疾病的药物，而且不仅可以验证药物的作用和功效，还可以验证药物的副作用。一般来讲，说起 iPS 细胞可能会认为主要应用于再生医疗，但实际上 iPS 细胞技术也能对新药的研发起到巨大的推动作用。

稻盛：的确，从患者的人数上来讲，需要用药物治疗的远远比需要用再生医疗治疗的多。

山中：的确是这样，应用性非常广泛。而且通过利用病态模型，我们还可以进行一些不能拿人体来做的验证，包括药物的有效性、副作用等。所以这会大大推动新药的研发。

稻盛：既然有这三个临床应用的可能性，那么现在 CiRA 有什么中长期的具体目标吗？

山中：在 CiRA 成立的同时，我们提出了“10 年达成目标”，并对内外都做了发布。第一个是确立 iPS 细胞的基础技术，并确保知识产权。第二个是建设再生医疗用 iPS 细胞的资源库。第三个是对帕金森症等血液疾病进行前临床试验，并逐步实现临床试验。第四个是利用患者的细胞制作出 iPS 细胞，并针对几种疑难杂症的新药研发做出贡献。

稻盛：iPS 细胞资源库，是类似于血液库的东西吗？

山中：是的。就像保存输血用的血液库一样，我们也制作一些高质量、高安全性的 iPS 细胞，并把它们保存到 iPS 细胞资源库里面，到需要用的时候就可以马上拿出来用。这是为了解决时间和成本而形成的构想。因为制作成 iPS 细胞，再让它分化成想要的细胞，至少要花好几个月的时间，而且费用也很贵。主要是花的时间太长可能会耽误治疗。所以我们想事先从身体健康的志愿者身上取得皮肤细胞、血液细胞等，用这些细胞制作成 iPS 细胞，确定好质量和安全性之后，就把它们保存起来。

稻盛：也就是说，保存起来的细胞不是患者本人的细胞啊。那么在用的时候会不会出现排斥反应呢？

山中：的确，因为是别人的细胞所以有可能会出现排斥反应，但我们有让发生这种排斥反应的概率尽量降低的方法。这主要看细胞内部所存在的类似于血型的人类白血球抗原（Human Leukocyte Antigen，HLA）。HLA 是能够区分是自己人还是外人的细胞表面上的蛋白质，我们每个人都有着不一样的类型，分别从父母那里遗传到一个构成的。

稻盛：哦，细胞也有血型啊。

山中：是的，血型的组合总共只有 6 种，而 HLA 的组合则有上万种，HLA 完全一样的，只有同卵双胞胎。所以有时候我们进行一些内脏移植手术会产生排斥反应，这主要是因为 HLA 的适合度比较低。但是也有例外，有的人带有特殊的 HLA，能够跟多种类型的 HLA 和平共处而不会发生排斥反应。这种类型的 HLA，我们称为 HLA 纯合子。

稻盛：听说输血的时候，只有 O 型血才可以输给其他任何血型的人，这个 HLA 纯合子有点类似于 O 型血啊。也就是说利用 iPS 细胞技术，通过这种 HLA 纯合子的细胞制作成各种各样的细胞，然后放到资源库里面保存吧。

山中：嗯，当时我们算了一下，一个带有这种 HLA 纯合子的人，就可以为 20% 的日本人准备发生排斥反应概率比较低的 iPS 细胞，也就是说，可以覆盖 20% 的日本人，而 75 个的话，则可以覆盖 80%，140 个人的话则能覆盖 90% 的日本人。

稻盛：那你们已经开始着手建立这个 iPS 细胞资源库了吗？

山中：从去年（2013 年）开始，我们终于开始着手制作资源库保存用的 iPS 细胞。这也归功于我们成功确立了 iPS 细胞的评价方法，成功确立了在复杂的条件下也能高效率地制作和培养 iPS 细胞的方法。

最大的课题是确保雇用的安定

稻盛：刚才说过研究所的目标是“治疗疾病的临床应用”，但实际上为了攀登这座高峰，从基本技术的研究到资源库的构建、临床试验、新药的研发，以及知识产权等方面，需要同时推进这么多的课题。虽然实际登山的都是一些特定领域的专家学者，他们的士气可能也会比较高，但作为整个研究所的领导，一方面需要把所有的研究课题和所有的研究人员管理好，另一方面需要指挥大家时时刻刻把握住自己的目标向山顶攀登，这的确很辛苦啊。

山中：CiRA 现在是一个 300 人左右的组织。为了实现 iPS 细胞的临床应用，各个专业的专家都带着高度的专业性和高昂的斗志在推进自己的研究。他们都是不可或缺的非常重要的同事。自从设立了 CiRA，我从一个研究学者变成了一个组织运营负责人，在某种意义上可以说是站在了类似于经营者的立场上，我感觉这类工作需要跟以前完全不同的能力和资质。

稻盛：也许是这样的。

山中：作为一个研究者，我接受过不少的训练，但作为 CEO，我完全没有接受过任何培训。以前父亲也说过“我不适合做经营者”，我自己也没有什么自信。所以我只能像 Gladstone Institutes 的罗伯特·马力所长教给我的 VW 那样，带着明确的目标努力地工作。但我也感觉到有些问题，是即便我拼尽我的全力也无法解决的。最大的问题就是雇用的安定、雇用的持续性。

稻盛：因为是国立大学的研究所，所以跟民间的企业有很大的不同吧。

山中：国立大学法人的研究所里有教员和职员这么两种正

式员工，而 CiRA 里面只有 20 名左右终身雇用的正式员工。以前的话，可能只要教员和职员就可以完成大部分的研究工作，而现在情况已经发生了很大的变化。因为即便是对于一个研究课题，现在也需要有各种各样的专业技术人员来进行研究支援。比如研究成果的实用化，有一项很重要的工作就是取得专利，这就需要知识产权方面的专家来提供支持。还有比如进行这个研究需要产、学、研联合进行，这样就需要契约合同管理方面的专家，还需要将研究成果及时、准确地向外界宣传的广报专家，以及按照厚生劳动省的要求进行员工管理的专家等。另外还需要能够很熟练地操作各种复杂实验设备的经验丰富的技术员，以及帮助实验室顺利运营的秘书等，这些人的工作都非常重要。现在在 CiRA 工作的 300 名教职员里，CiRA 直接雇用的专家学者和研究支援人员差不多有 200 人，其中 90% 左右，约 180 人都是最长也只能在这里工作 5 年的人。

稻盛：200 人里面终身雇用的正式员工只有 20 人，这说明研究者里面大部分的人都不是终身雇用的员工啊。

山中：我们之所以会面临雇用安定这个重大的难题，完全是因为面临着两个巨大的壁垒。其中第一个就是 2013

年 4 月开始实施的《劳动合同法修改法案》。这个法案里面有一条规定：有雇用期限的劳动者连续工作超过 5 年的话，根据劳动者的意愿，需要与劳动者签订终身雇用的劳动合同。这条规定的出发点，也许是为了保护在民间企业工作的劳动者的利益不受侵害，但实际上对于在大学的研究所里工作的人来讲反而变得很麻烦。按照现在的大学的体系来看要转为终身雇用的劳动合同实在太难了，所以有雇用期限合同的劳动者满了 5 年之后，就不得不让他们离开。因为法律不允许再继续雇用了。

稻盛：这的确是很麻烦。这条法律的修改，好像是起到了相反的效果。

山中：政府应该也发现了这个问题，在 2013 年年底的时候又推出了《改正研究开发力强化法》，作为特例，允许研究工作者的工作期限可以延长到 10 年。可是这仅仅是从 5 年变成了 10 年而已，实际上反而让问题变得更复杂了。比如说现在 30 岁左右的教职员，工作 5 年之后不到 40 岁，再找工作还是比较有利的；但如果是 10 年的话，那变成了 40 多岁，那再去找工作的话就更难了。

稻盛：原来如此。那您说的第二个壁垒是什么呢？

山中：第二个是从国家获得的研究费的种类。CiRA 能从国家每年获得大约 40 亿日元的巨额研究经费。但这里面大概 90% 都是竞争性资金。所谓竞争性资金，就是说文部科学省、厚生劳动省或者是经济产业省等部门公开招募一些短则 1 年、长则 5 年的科研项目，而大学或者研究机构的研究者就去提交申请，经过第三方审查之后，优秀的被选中的课题才会获得研究经费。这些研究经费虽说在购买物品等方面有着比较方便的特点，但不适合用来雇人发工资。

稻盛：5 年后还能不能拿到，这也说不准啊。

山中：是的。如果是民间企业的话，需要 100 个人则会准备 100 把椅子。椅子是常设的，但能不能持续地坐下去，要看你的努力程度。如果你不努力的话，这把椅子就可能会让别人来坐，但如果你干得更好了，那可能会有更好的椅子等着你坐。

稻盛：是的。

山中：而现在，CiRA 里面只有 20 个终身雇用的正式员工，也就是说椅子只有 20 把。另外的 180 把椅子都是用能持续 5 年左右的竞争性资金买来的。现在有这把椅子，但 5 年之后还能不能买得起椅子，却还不知道。当然，不光是 CiRA，其他的大学的研究所基本上都面临着这样的难题。

对那些真心想工作的人展示梦想的力量

稻盛：即便是在这样严峻的雇用条件下，也能将几百名优秀的研究者、技术人员和专业人员聚集到一起，并让他们保持高度的战斗力，我觉得这真是太了不起了。像我们这样的民间企业的经营者，可以实施很多激励措施，比如可以给努力工作的人发奖金等，而山中老师的研究所可能就不行了吧。但即便是这样，大家不去过多地考虑自己的得失，能聚集到山中老师的周围兢兢业业地工作，这些人真的是一群真心想登上这座山的人啊。

山中：是啊，我真的很感激他们。比如 CiRA 里面有专门负责知识产权和契约合同等工作的专业团队，虽然他们只有几个人，但如果没有他们的努力的话，我估计尤其是在欧美等海外国家，京都大学想要取得专利的话并不是一件很容易的事情。但问题是做出这么大贡献的这几个人，都是刚才说过的有雇用期限的人。其中专门负责知识产权团队的负责人是位女性，以前在国内一家大型制药企业知识产权部门工作，因为之前我们有缘相识，所以可以说是我挖墙脚挖过来的人才。如果她一直在那家制药企业工作的话，因为是终身雇用，她能够工作到退休，而且退休的时候还能拿到高额的退职金。但来到京都大学之后却变成了有雇用期限的劳动者了，收入方面估计也有不小的缩水。但即便是这样她也加入了我们，应该也是怀着一种人间大义吧，带着对工作的使命感来到了 CiRA。

稻盛：这种强烈的使命感和人间大义，不是说给他很高的工资就可以有的。所以我觉得正是因为领导者有强大的人格魅力，以及了不起的思维方式，这才能吸引住这么多优秀的人才，这应该比其他什么要素都重要。

山中：我也认为作为一个研究者，能聚集多少真正想做出一番成就的人，这非常重要。既没有雇用的安定，课题任务又很艰巨，而且还很费时间。但即便是这样也能拼命地工作，我认为这正是因为大家有着“将 iPS 细胞的研究尽快实现临床应用”这个共同的目标，还有就是因为花的是国家经费，是国民的血汗钱，所以想尽快地把研究成果做出来，尽快地为患者的康复做出贡献，是这样的心理形成了大家昂扬的斗志吧。但作为一个实际问题，30 岁左右的人进到研究所里来，比如说最初是单身，但也会结婚有自己的孩子，而这个时候仅凭精神或者心理的因素的话，还是很难维持斗志的。现在就有职员已经面临如何养活老婆、孩子等问题，而且有的人也已经离开了研究所，回家乡当老师去了。

稻盛：我是一个门外汉，可能想法会比较幼稚，就是说山中老师在做的这个 iPS 细胞的研究，能不能从京都大学剥离出来呢？比如说成立个财团或者是社团什么的实现独立，然后从国家获得经费来进行研究呢？或者说是不是能成为跟理研（理化学研究所）差不多的组织？这个时候只要能获得一些专利，因为花的是国家的钱，所以专利的使用费、收入等都计入国家财政。这样的话就能够实现独立的运营，而雇用问题是不是也就能解决了呢？

山中：的确，那样做的话可能可以解决雇用问题。本来现在我们研究所年度预算的 90% 都是从文部科学省等地方获得的竞争性资金，很多都是 5 年之后还需要再次申请的。而理研的预算则一半以上都是政府每年都肯定会拨款过来的营运费交付资金。

稻盛：营运费交付资金的话，不用 5 年申请一次吗？或者说中途停止拨款这种事情不会发生吗？

山中：是的。营运费交付资金的使用方法采取的也是事后评价方式。竞争性资金的话是每 5 年招募一次，经过审查，优秀的研究课题才会获得。

稻盛：那美国在这方面又是怎样一种情况呢？

山中：基本上也差不多。举个例子，就拿在规模上和 CiRA 差不多的 Gladstone Institutes 来说吧，从国立卫生研究所（National Institutes of Health，NIH）获得的资金也是 5 年的项目，金额规模也跟日本差不多，所以也不能用国家的钱来长期雇用优秀的人才。但美国有捐助文化，来自个人的捐助可能比来自企业的多。Gladstone Institutes 的有雇用期限的人的人工费每年也是几亿日元的规模，但基本上可以从获得的捐助资金中支付。我去 Gladstone Institutes 的时候，经常也会被带上到外面去拉赞助（笑）。

稻盛：您刚才说过在日本也通过跑马拉松拉过赞助。能聚集到 1000 万日元以上的捐助，这也说明了国民对您的研究是非常关注的，真的很不简单。

山中：不光是 CiRA 的问题，我希望捐助文化也能够在日本落地扎根。因为美国的研究者经常带着讽刺的语气跟我说："你们日本的研究者总是做一些入门的研究啊。"日本的基础研究总是会做出很多非常有趣的成果，但一旦得到了初步的结果，很多研究就被放弃了，研究者开始寻找新的研究课题。而包括美国在内的其他国家的研究者就开始在日本学者的研究成果的基础上，再进行更深入的研究。

稻盛：也就是说日本人只是把门打开，而后面的那些更美味的、更赚钱的部分则是美国人在挖掘。

山中：我认为日本的研究者肯定是世界上十分优秀的研究者。iPS 细胞技术的成功开发，也是因为我得到了很多日本研究者的支援和帮助才完成的。从日本的大学里也诞生了很多了不起的技术。但对于这些研究成果和技术，该如何继续深入开发？该如何运用到实际应用上面？或者说要进行后面的研发的话，支援体制该如何构建和运行？很遗憾，日本没有。为了让全体国民都来支持我们，就必须把 iPS 细胞的研究成果完美地报告、传达给每一个国民。所以，现在我们一边加强 CiRA 的宣传工作，一边成立了“ iPS 细胞研究基金”，希望能够得到各方面的支持。

带着大善之心去斥责

稻盛：虽然民间的企业和国立大学的研究所在运营管理方面存在着很大的差别，但作为组织的领导，尽力想去保证研究人员的雇用安定，这种心情也非常容易理解。京瓷公司从一家非常弱小的、从只有 28 个人开始的小公司发展到现在已经走过了55年。这么多年来，因为公司的经营状况不好，或者说因为公司没有钱支付工资等理由而让员工从公司离开，这样的事情一次也没有发生过。巨大的危机也经历过了好几次，甚至也有过关停一部分工厂的生产线的经历，那个时候即便是让没有工作任务的员工在公司里除草，也硬是保证了员工的雇用安定。京瓷的经营目的，是“追求全体员工的物质与精神这两方面的幸福”，而从内心来讲，我是将员工当作我的大家族一样对待，并尽自己的全力去保护他们。

山中：这一点我也非常理解。

稻盛：可以说是命运共同体吧，如果没有生死都在一起的这种关系的话，想每个人都拼尽全力相互帮助地工作，估计也很难吧。而对于自己真正的家族的事情，我却全都交给了我太太，自己只想着如何去保护公司里勤奋工作着的家人们。如果不这样做，我想京瓷也不会成为一个心往一处想、劲儿往一处使的公司吧。

山中：的确是那样。

稻盛：当然这个时候，如果员工做了什么不应该做的事情，那我也是正经严肃地批评、斥责他们。不管是不是有其他人在场，我都会严肃地、直接地斥责他。

山中：哦，是嘛。

稻盛：年轻的时候，随着公司的成长，部下也就越来越多，而应该如何跟部下相处，我着实困扰了一阵子。当时也是读了很多书，最后我还是觉得如果员工出了问题、做错了事情，还是严肃地批评、斥责比较好。而这样的做法从年轻的时候开始，一直做到了现在。

山中：有很多人说，一般情况下，应该尽量避免在其他人面前批评、斥责。很多关于领导力、管理方面的书上都是这么讲的。

稻盛：美国的一些经营管理的书中也这么讲。周围有人的时候批评、斥责的话会让对方的自尊心受到伤害啦，周围的人会对他另眼相待，所以他会很可怜啦，还有的说应该注意保护对方的面子，将他叫到一个没有人的会议室里耐心地跟他谈啦，等等，也就是说，想要骂人的时候也需要注意骂人的方法。但我不这么认为。我觉得有必要批评、斥责的时候，即便是在众人面前，我也毫不留情，狠狠地批评、斥责。

山中：哦。

稻盛：为什么要批评、斥责他？是因为我希望他能成长。既然这样，我却还要怕跟他关系闹僵而去迎合他？这样的话他也不会成长，而且对周围的人也没有警示效果。那么为什么不敢当众批评、斥责呢？是因为没有勇气。没有严肃批评、斥责的勇气，只会讨好部下的上司，这样的人多了，公司肯定不会有发展。

当然，也不是说随便怎么骂都可以。我觉得我基本上不会伤害对方的人格。针对那个人做的事情、做的工作，以及工作时候的思维方式，我会严肃地批评、斥责“你为什么这么做？不是应该那样做吗？”就事论事，不会去攻击对方的人格和性格。

山中：但有时候问题发生的原因，非常明显地就是因为那个人的人格问题，这个时候怎么办呢？

稻盛：当然这种情况也是有的。前面介绍过我的人生和工作的方程式（人生・工作的结果＝思维方式 × 热情 × 能力），无论是工作还是人生，我认为最重要的就是“思维方式”。能够创业成为企业家或社长的人，基本上都有超过常人的能力和热情。成功人士中有很多欲望很强的人，而且多数情况下私欲也非常强。私欲，不外乎物欲、名誉欲和色欲，不去对这些欲望进行压制，一个劲儿地就是“我来我来”，就会变得傲慢不逊，就会变得只盯着私利私欲，而最终就会不得人心。结果在“还想赚更多的钱”这样的私欲牵引下，会被一些赚钱的话题牵着鼻子走，最终会因迷失方向而失败。所以我首先会要求员工有正确的思维方式。还有就是要求他们总是合乎道理地做出判断，控制住自己的私欲，调整自己的内心。在公司里，我们还把这些整理成了京瓷哲学，做成手册发给每一个员工。所以，如果员工做错了事情，我肯定会批评、斥责，而如果部下是在思维方式上出现了歪曲，那更是严肃地批评、斥责。如果追究下去发现问题出在那个人的人格上面，这个状况的话当然也会跟他讲道理。在开会的时候听部下报告数字的时候，也经常会斥责他们。比如我会问他们为什么销售额会比预计高？或者为什么会低？为什么会花这么多经费？如果他们不能很好地回答上来，或者对存在的问题没有考虑好对策的话，我就会对他进行严重警告。因为所有数字的背后都是有理由的。

山中：原来如此。那迄今有没有因为您斥责的太过，导致与部下之间的关系出了问题，或者说被记恨，有这样的经验吗？

稻盛：基本上没有。可能是因为斥责、批评的时候当然是严肃地斥责、批评，而在平时接触的时候我也经常对他们说“谢谢啊”之类的，经常把感谢的话挂在嘴边的缘故吧。因为出发点是对他们的爱，所以我认为在批评、斥责的时候就不需要有太多的顾忌。如果不这样做，他本人也不会改变，更不会成长。因为我想让他变得更好，所以我才斥责他。我把这个称作“带着大善之心来斥责”，对盛和塾的塾生也极力推荐这个做法。

山中：这里所谓的大善是什么呢？

稻盛：佛教里面有一句话，“大善似无情”。字面意思就是大善乍一看就像是无情一样冷漠。其实还有一句叫作“小善如大恶”，意思是说本来想做点善事，但结果成就了大恶。盛和塾的塾生多数是中小企业的经营者，大家对应该如何斥责部下这个问题都很头疼。所以我就跟他们说应该严肃地斥责做错事的部下，那实际上是在行大善，如果想让部下能够迅速地成长，就要像无情一样行这个大善。大家听了之后都非常高兴，终于可以不用头疼了（笑）。以前还担心因为斥责部下会导致跟部下关系闹僵，现在就可以说：“我是在行大善，所以要严肃地斥责。”

制定“三无规则”

山中：多谢稻盛先生，您刚才说的这些对我也很实用。其实我非常喜欢读的一本书，题目就是《爱他那就斥责他》（笑）。这本书是在悉尼奥运会指挥日本女子花样游泳队获得亚军的教练井村雅代写的，看到我在读那本书学生都会很紧张，所以我觉得很有趣，但实际上这本书里写的内容也非常好。

稻盛：哦。

山中：书上说：斥责别人无论对谁来说都不是一件容易的事，但一定带着勇气去斥责他，不过书上也说：无论对谁都要用同样的标准、同样的斥责的方法来斥责。做了同样的事情，对这个人批评、斥责，对那个人却不批评、斥责的话，这样是绝对不行的。也就是说，无论对谁，犯了同样的错误的话就要同样地斥责。所以读了这本书之后，我就在研究所里制定了一个“三无规则”。

稻盛：三无规则？

山中：三个没有，就写成“三无”。主要是针对做实验，禁止做“三无的实验”，我跟他们说：缺了这三个去做实验的话，会被我骂的。首先，第一个就是禁止做没有目的的实验。

稻盛：没有目的的实验，是什么样的实验呢？

山中：为了实验而做的实验，没有清楚明确的目的。为什么会有这样的实验，原因我也不太清楚，但的确是存在的，而且还不少。

稻盛：哦，是嘛。

山中：第二个是禁止做没有对照结果的实验。实际上在进行试验的时候，必须提交阳性对照和阴性对照这样的样本。阳性对照（Positive Control）是绝对可以发生反应的、可以检测出来的有效的结果。阴性对照

（Negative Control）是绝对不会发生反应的、不能检测出来的无效的结果。如果在进行实验的时候不提交这样的样本，这样的实验也是不允许做的。然后第三个是禁止做事后不进行收拾整理的实验。比如记录实验笔记，也是事后收拾整理的一个内容。要进行实验，就必须认真地把实验笔记记录好，而且实验结束之后也要把实验台收拾好，把工具整理好，放回原处等。

稻盛：也就是做实验时候最基本的承诺事项。

山中：是的。但问题是虽然我已经对大家宣布，如果违反了这三条的话，就会被我骂，但还是会有人违反，而且不是一两次。一般来讲，都被骂成那样了应该会记住再也不会违反规则了，但还是会有人违反，不是简简单单地就能消除的。

稻盛：也就是说山中老师在研究所里也经常会火山爆发啊。

山中：是的。我也是，即便是在众人面前也会批评、斥责，而表扬谁的时候却多数是偷偷地表扬。一般人们会说，发火发怒的时候一对一地骂，表扬的时候就尽量当众表扬。而我的做法似乎跟一般常识正好相反。当然一般常识我也知道，但大家都应该遵守的规则被破坏的时候，如果不当众进行批评、斥责的话，这根本不会引起众人的重视。当然，我也很注意分寸，不能让对方或众人认为我是在利用我的权力或学术权威来欺负他。

稻盛：我年轻的时候也是那样，有时候部下都被我骂得脸色大变，几乎都站不住。而现在当时的情形似乎在京瓷公司却成了众人在闲聊时候的话题（笑）。我觉得他们并没有记恨我。尤其是大家在一起喝酒的时候，听说甚至有人会稍微有点自豪地说“那个时候我曾经如此被名誉会长骂得一塌糊涂”。

山中：那您在骂完之后，是不是也会稍微安抚一下对方啊？

稻盛：骂完之后，首先我会跟他说明为什么我会骂他，最后基本上都会跟他说“接下来要加油啊”等鼓励他一下。不过在鼓励他的时候，据说我基本上都是笑呵呵的。

山中：笑呵呵的？

稻盛：是的。骂完了，在走出房间的时候，我一边回头跟他说“加油啊”，一边脸上会笑呵呵的。据说就是因为看到我笑呵呵的表情，之前在被我骂的时候的心灵创伤就都被抹平消失了。当然对我来讲不是我有意识地去对他笑一下，我自己倒是根本没有注意到。但据说对员工来讲，那就是最后的那根救命稻草。

领导的心胸决定组织的成败

山中：稻盛先生的批评、斥责方法和领导论，对于我这种没有接受过 CEO 培训的人来讲也很容易理解。但实践起来应该不是一件容易的事情。

稻盛：不论是在公司经营上，还是在组织运营上，作为领导都会遇到一些很难做出判断的问题。那时，领导内心是不是有正确的判断标准，这很重要。所以，我不断地重复地将作为一个领导干部应该具备的判断标准宣讲给部下听。比如“盛和塾”这个面向中小企业经营者的私塾，从成立以来到现在已经走过了 30 年，开始的时候就是京都的一些中小企业和微小企业的年轻经营者聚集在一起学习我的经营哲学和人生哲学的学习会，现在发展成支部遍布日本全国，算上海外的支部共有 74 个，约 9000 多名塾生。而我对塾生讲的东西，这 30 年来一直没有变过，就是一个很简单的事实：不管是公司也好，还是什么样的组织也好，领导的心胸决定其成败。所以如果真想把自己的公司或组织发展成为一家了不起的公司、了不起的组织，首先经营者自己要扩大自己的心胸，提高自己的心性，这才是最重要的。要提高自己的经营，首先需要提高自己的心性。这不光是在日本各地的盛和塾讲，在美国、中国、巴西的盛和塾，我都这么讲。

山中：领导的心胸决定组织的成败，这是一条普遍的真理啊。

稻盛：是的。遇到问题的时候就要马上做出判断和决断，这就是领导者的职责所在。从各种各样的战术和战略里面，如何做出取舍，如何进行企业经营，这由领导者的价值观，说的再直白一点就是领导者内心的判断标准来决定。而判断标准的源泉和基础，就是那个人的人生哲学。所以作为领导者，必须有自己的人生哲学，而且必须有正确的了不起的人生哲学。

山中：说到正确的了不起的人生哲学，我想问一下稻盛先生，您有怎样的人生哲学呢？

稻盛：我的人生哲学很简单，就是作为一个人来讲这是否正确，还有就是利他（即便牺牲自己也要为他人谋福利）之心。我的人生哲学就是以这两个为指针的思维方式。

山中：正确做人和利他？

稻盛：从我的经验来讲，我在京瓷创立 20 周年的时候，有一个通信器材的生产厂家 SAIBANET 工业株式会社，当时这家公司在生产无线通信设备，经营状况很差。公司的老板拜托我帮帮他们。后来京瓷公司就对他们实施了救济合并。但当时那家公司连续多年赤字，而且工会也十分过激，向企业经营层提出了很多难题，我们合并了他们之后也很辛苦。但即便是在那样的经营状况下，我也没有裁掉那家公司的任何一名员工。后来京瓷还救济合并了另外一家已经濒临倒闭的照相机生产厂家 YASHICA，整个过程也很痛苦，但也同样没有让一名员工下岗。

就在这些公司的经营差不多恢复正常，快要走上轨道的时候，正好国家开始对通信产业进行改革，然后就像刚才说过的那样，我先创立了第二电电（现在的 KDDI），又创立了 PHS 的 DDI POCKET(现在的 Y！MOBILE），开始在京瓷生产手机。而这个时候，为京瓷公司的通信技术和通信事业的发展做出了重大贡献的，就是以前 SAIBANET 公司和 YASHICA 公司的那些技术人员。对他们而言，京瓷公司对他们原来的公司进行了合并收购，并给他们提供了手机事业部这个在当时最高端的工作岗位，他们真的是心存感激。否则他们都会因为企业破产倒闭而失业。但反过来看，他们也为京瓷公司的发展做出了巨大。

山中：原来如此。

稻盛：这个成功的出发点是行善，为了帮助别人，而最终也得到了善的结果，就是也从别人那里得到了帮助。所以我认为这里面是形成了一个“善的循环”。

经商的精髓是“三方好”

山中：利他之心，我感觉在研究者的世界里应该也能通用。但在市场竞争如此激烈的商界里，比如说在跟美国企业进行激烈的竞争的时候，是不是还能坚持这种利他之心呢？

稻盛：京瓷最初的工厂在滋贺县，滋贺县的近江商人有一个很重要的经营理念叫作“三方好”，内容是“卖方好，买方好，世间好”。我认为经商的精髓，就是实现三方好，真正取得这三个方面的平衡。

山中：哦，怎么说呢？

稻盛：举一个简单的例子。我在 1990 年的时候收购了美国的一家公司，叫作 AVX。这家公司是能够代表美国的电子零部件生产企业，当时已经在纽约的证券交易所上市了。在我们刚刚开始谈判收购的时候，对方提出的价格是每股 20 美元左右。而我当时想尽快买下来，于是提出了每股 30 美元，对方当然很高兴地答应了。而到了后来就在双方的律师开始着手进行手续的时候，对方的私欲爆发，开始变卦，提出“每股的价格要再提高一点”。一般来讲，收购公司，谁都想尽可能地以便宜的价格收购，所以当时京瓷公司内部，从律师到公司的高管都很反对，而我冷静地做了分析，认为即便是按照对方提出的高价格进行收购，后面也能很快地收回投资，于是就说：“就按照他们要求的价格来吧，对方如果不高兴的话，我们的收购也没什么意思。”然后说服了众人，最后按照对方经营者和股东满意的价格进行了收购。

山中：能做出这个决断，真的很了不起。

稻盛：AVX 公司在南卡罗来纳州有家工厂。这个州的人很保守，而且可能是因为第二次世界大战，那里的人们对日本也没有什么好印象。但这个地方的美国企业，竟成了京瓷的百分之百全资子公司。

可就在收购之后，我第一次到 AVX 公司的时候，公司的全体员工竟然拉着“欢迎”的横幅出来欢迎我。后来我才知道那是因为 AVX 公司的经营层对员工讲过“京瓷公司是一家很厚道的公司”。就这样双方建立起了友好的关系基础，当然公司的绩效很快就得到了改观，并很快在纽约证券交易所实现了重新上市。

山中：这真的是实现了三方好啊。

稻盛：当然，当时不是因为期待他们欢迎我，我才按照他们的价格来收购。如果当时心里存在着什么不纯的东西的话，估计也不会取得如此的成功。AVX 公司的 CEO 名字叫约翰，我们是按照美国 CEO 的工资标准给他发工资的，所以他的工资比京瓷高管的工资都要高很多。他很能干，公司的业绩也一直在增长，而他也知道他的工资要比日本的京瓷高管的工资还高，所以他也不跟我提要求再涨工资。所以带着这样的利他之心去跟别人接触，即便是国家不同，人种不同，语言不同，也能够相互理解，最终能够实现一个好的结果，这就是我的经验。

山中：迄今为止，稻盛先生凭借自己的经验管理了那么多的部下。我想问一下对您来讲，在管理部下上什么才是最重要的呢？

稻盛：我认为是公平无私。无论是中小企业也好，还是大企业也好，是政府机关也好，是地方自治会也好，或者说是学校法人也好，研究机构也好，在领导所需要的资质中，我认为舍己是最重要的。作为一个领导者，即便是有一点点的利己，也有带领整个组织走到错误道路上的危险。还有就是在表扬或者批评、斥责部下的时候，公平是最大的原则。那种根据自己的喜好来判断，或者改变态度的领导者，是不会得到部下真正的信任的。

山中：的确是这样。

稻盛：在组织陷入生死存亡的危急时刻，如果是被部下真正信任的领导者，只要他说一句话，大家马上就能团结起来朝着一个方向努力奋斗。

山中：领导者能不能真正做到公正无私，这直接决定他在部下中间的感召力。我会铭记于心的。

正在讲述激烈专利战的山中先生。

第6章

在激烈的国际竞争中获胜的热情

∷ 作为一个领导者，所需要的不是竞争心而是斗争心。

毫无仁义可言的知识产权争夺战

稻盛：刚才您说过在 CiRA 里有专门的知识产权管理部门，在日本大学里的研究所，有这样独自的知识产权管理方面的专家的地方应该不多吧？

山中：与以前相比，我想日本大学里的知识产权管理体制也在逐步完善。在京都大学，就是在 2007 年 11 月我们发表报告确立了人类的 iPS 细胞技术的时候开始，迅速地把 iPS 细胞相关的专利管理体制建立起来了。2008 年 6 月，在 CiRA（当时的名称是物质 - 细胞统合体系据点 iPS 细胞研究中心）设立了一个知识产权管理室，进行一些专利的申请和专利权获得的业务，成立了从事向企业租借专利使用权的公司——iPS ACADEMIA JAPAN 株式会社，而且也设立了由国内外优秀的专业人士构成的“iPS 细胞知识产权专家顾问委员会”。

稻盛：体制建设得固若金汤啊。反过来说，在 iPS 细胞的这个范畴里面，知识产权争夺战真的那么激烈吗？

山中：是的。iPS 细胞技术的研发，在日本是大学主导，在欧美都是企业主导。尤其是美国的创新企业和风险投资一起合作，无论是在人才、物资，还是在资金上都凌驾于日本之上，而且积极地在向我们挑战。CiRA建立这样的安全体制，目的就是为了能促进 iPS 细胞技术的临床应用和产业化的实现，为此 iPS 细胞的制作技术等基本技术专利都必须由京都大学掌握。这样才能真正形成非垄断的其他企业和研究机关都可以广泛利用的推进体制。

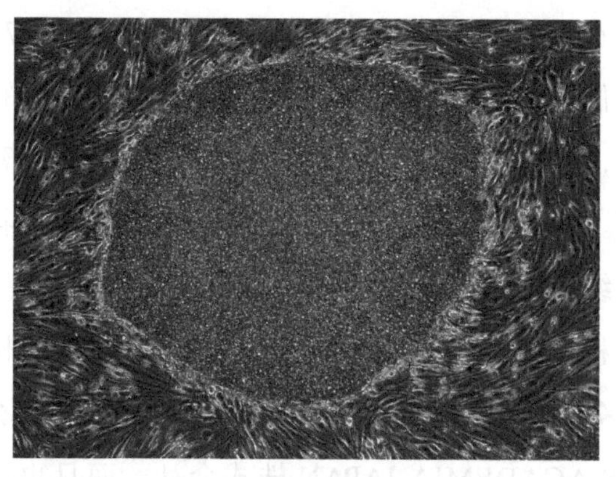

从纤维芽细胞做成的人类的 iPS 细胞的集合体（山中伸弥先生提供）。

稻盛：企业的话，想法和做法肯定是相反的。获得专利是为了独自占有，或者凭其对技术的垄断来获取高价的专利使用费。

山中：是的，那样的话，整个研发就停滞不前了，患者的医疗费也就降不下来了。实际上这样的例子有很多。十几年前 RNAi（RNA interference 的简称，又称为 RNA 干涉，是通过双链 RNA 来控制寻找新基因的方法）

被开发出来了。RNAi 能够让人们更加容易地去发现新的基因，也因此获得了诺贝尔奖。利用 RNAi 也能调查基因的功能，本来能够极大地推进新药的研发。然而那个知识产权一下子被美国的一家创意企业拿到了，整个研发也就马上停了下来。比如说日本的制药企业要用那个技术来研发新药，具体的数字我不能确定，但估计最初的专利使用费贵得惊人，足以让人的眼球飞出来。而如果不支付的话，根本就不可能开始相关的研究项目。而如果变成这个样子的话，好不容易开发出来的那么优秀的技术，结果只有个别的或者是一小部分企业能用，而且即便是新药被研发出来，因为高额的专利使用费是要被计入成本的，所以药价也会很贵，也就只有有钱人才能买得起了。在治疗癌症、艾滋病等药物上，有不少这样的前车之鉴。

稻盛：所以您就自己来紧紧抓住 iPS 细胞的技术啊。

山中：是的。无论如何也要把 iPS 细胞的基本专利都保留在京都大学里。所以为此，CiRA 就非常有必要设立专门的知识产权管理部门，非常有必要有这么一个专家团队。而实际上，在还没有专门的知识产权管理部门的时候提交的关于 iPS 细胞的专利申请，无论是老鼠的还是人类的，申请资料的内容都是非常薄弱的，导致后来处理的时候费了不少力气。

稻盛：哦，是嘛。

山中：以老鼠 iPS 细胞的数据为基础的专利申请是在 2005 年年底进行的。2006 年年底，又追加上人类 iPS 细胞数据进行国际专利的申请，这都是在 2004 年日本的国立大学实现法人化之后不久进行的。而伴随着国立大学实现法人化，大学研究学者发明的专利权，原则上来讲是归大学法人所有，所以各个大学从这个时候都开始设立比如知识产权本部之类的部门。从我的经验来看，这个时期国立大学提交的专利申请材料在内容上应该都非常薄弱。

稻盛：也就是说，国立大学法人化前后的大学的专利申请方法发生了变化，是这样吗？

山中：申请人发生了变化。在国立大学法人化之前我也曾经申请过几个专利。当时是这样的，如果要申请专利，首先要在大学内部的发明委员会上进行讨论，讨论审议一下大学是否要申请这个专利。但实际上大学里用来申请专利的预算基本上没有，所以绝大多数的发明都是个人申请的，当然专利权也归个人。而个人申请的话，也会遇到同样的问题：一没资金，二没经验。我那个时候是得到了一家制药公司的帮助，申请费用由制药公司负担。也就是说，发明者是山中伸弥，申请人是山中伸弥和那家制药公司这个方式。

稻盛：原来如此。在国立大学法人化之前，是可以这样操作的啊。

山中：是的。而当时那家制药公司的负责帮我申请专利的人，就是刚才我说过的在 CiRA 知识产权管理室设立当初的负责人高须直子女士（现任 CiRA 医疗应用推进室室长）。当时申请专利的时候，首先我把自己的论文和各种各样的信息数据都交给那个时候还在制药公司的知识产权部门工作的高须女士，然后由她来对我提交的论文和所有的资料进行严密的审查。每次她审查完了之后将论文和材料退还给我的时候，那些材料基本上都会被修改得红红一片。接下来我再根据她的修改进行确认，最后再进行誊写，作为申请明细来提交。

稻盛：那位负责人是专业人员啊。

山中：但从我到了京都大学之后，刚才讲过的这个做法就行不通了。虽说是国立大学，但也是一个法人组织。大学研究学者的知识产权由民间的制药公司来申请，这变得非常难以理解，所以也就变成了从大学申请。而作为我来讲，当然也希望能由大学来申请专利，所以跟之前的做法一样，我也把我的论文和各种信息数据都提交给了大学。当然，我认为肯定也会被修改得红红一片，然后退回来。可令我惊讶的是，基本上没有被修改和退回，而是就那么提交上去了。所以我就很担心：到底行不行啊？结果当然是不行，内容非常薄弱，有很多漏洞，所以后来才遇到很多麻烦。当然这是后来遇到麻烦的时候才知道的，责任在我本人，因为是我本人写的论文。

稻盛：什么地方内容比较薄弱呢？

山中：一个是专利权的范围，我自己把专利权的范围限定得太窄了。这是因为写学术论文与写专利申请，其写法完全不同。论文的话，需要尽量写正确、写真实，比如迄今为止研究做到了这个程度，另外哪些东西还没有着手，也就是说要把这些内容准确地界定清楚，一直以来是接受着这样的训练。所以在写老鼠 iPS 细胞和人类 iPS 细胞的专利申请书的时候，也像写论文一样，界定清楚之后就那么提交上去了。到了后来，一些知识产权方面的专家就问我：山中老师，你怎么那么写专利申请书呢？

稻盛：也就是说在写专利申请书的时候是没有必要那样写的，对吗？

山中：是的，即便是还没有研究的内容，不写是可以的。如果写上了还没有研究或还没有做好，那被认定的权利的范围就会变得非常窄。所以我想那个时期从国立大学提交上去的专利申请在内容上应该都是比较薄弱的吧，从我自身的经验上来讲，这的确很令人担心。

稻盛：规则不同，所以攻防的做法也就不一样。

山中：是的。我经常说，需要用同一个球来参加两场不同的比赛。

稻盛：这是什么意思呢？

山中：比如说橄榄球和美式足球，同样都是用椭圆形的球的体育比赛，但规则完全不同。橄榄球比赛的时候，球只能往后扔，而美式足球则可以向前扔。橄榄球比赛的时候只能去阻击抱着球的队员，而美式足球却是即便是对不持球的队员，也可以去进行阻击和拦截。另外，在防具上，橄榄球比赛的话只允许戴橄榄球头盔，而美式足球既要戴头盔，也要带肩垫等各种防护工具，不穿戴上这些护具的话根本不让参加比赛。

稻盛：原来如此，论文和专利申请书的规则是不一样的。

山中：即便是非常著名的橄榄球选手，如果在不知道规则的情况下去参加美式足球的比赛，肯定很快就会受伤下场。但现实问题是，研究学者几乎不可能拥有知识产权方面的专业知识，所以研究机关有自己的知识产权管理专家，而且保证他们雇用的安定，我觉得这非常重要。

稻盛：与 iPS 细胞相关的核心技术和基本专利，已经都由 CiRA 掌控住了吗？

山中：iPS 细胞技术的基本专利，是由 CiRA，也就是京都大学掌握主导权。截至 2014 年 3 月，我们在以欧美为中心的 30 多个国家和地区已经确立起了京都大学持有基本专利的这个体制。当然如果没有 CiRA 知识产权管理室专家团队的努力，我们也不可能做到这一点。尤其是在美国，对于我们来讲完全是客场，所以这些专家为了拿下专利，在工作上受尽了各种苦难。

专利战争，开战在即

稻盛：因为是京都大学这样一个公共机关掌握基本专利，所以现在 iPS 细胞技术能够在多数的研究机关以及关联企业里得到更加广泛的应用，对吧？

山中：是的。正是因为京都大学掌握了基本专利权，所以对于公共机关的研究学者的话，iPS 细胞技术的专利使用是免费的，而对于民间的一般企业来讲，一般最多只需要交几百万日元，应该说这是非常合理的专利使用费。现在京都大学已经建立起了这种 iPS 细胞技术利用体制，共有 60 所大学和企业在用 iPS 细胞技术进行各种研究。不过，即便现在已经形成了这样的体制，但美国等国家的企业也还会不断地对我们发起各种挑战，所以也不能高枕无忧。因为万一在知识产权方面出现了法律纠纷，作为大学来讲是无法应对的。

稻盛：哦？是吗？

山中：大学从国家获得的研究经费不能用于纷争费用，而如果真的发生知识产权纠纷的话，那花费的费用都是以亿日元为单位的。我之所以积极地呼吁社会捐助我们的 iPS 细胞研究基金，其主要目的有两个：一个是为了保证雇用的安定；另一个就是万一发生了知识产权方面的纷争的话，可以拿出资金来应对。

稻盛：那实际上发生过知识产权纠纷吗？

山中：曾经发生过一次，差一点就要发展成知识产权纠纷了。

简单来讲，就是一家美国创新企业提出主张说是他们先发明了人类的 iPS 细胞技术。而看了他们的专利权申请材料，发现他们的材料内容跟京都大学的内容基本上差不多。所以可以说他们是有备而来的，就是要跟我们进行全面战争。而作为我们，也不可能让步，只有应战。当时是 2010 年 12 月，双方在美国关于专利发明时间的大战真的是到了一触即发的状态。

稻盛：为什么会发生这样的事情呢?

山中：一个原因，是人类的 iPS 细胞和老鼠的 iPS 细胞的做法，实际上是一样的。我们在 2006 年的时候曾经发表过一篇论文，介绍了老鼠的 iPS 细胞的技术，结果世界上的研究学者一下就都开始了对人类 iPS 细胞技术的研究，当时的竞争就变得异常激烈。我们也是利用制作老鼠的 iPS 细胞的技术成功制成了人类的 iPS 细胞，并在 2006 年年底的时候，在 2005 年年底提交的老鼠 iPS 细胞技术专利申请书上追加了人类 iPS 细胞技术的数据和内容，并申请了国际专利。

稻盛：也就是说，只要按照山中老师发表的那篇关于老鼠的 iPS 细胞技术的论文中介绍的做法来操作，就能制作出人类的 iPS 细胞啊。

山中：是的。即便是这样，他们也能明目张胆地宣称是他们先发明了人类的 iPS 细胞技术。这从日本的武士道精神来讲，根本是不可想象的事情。

稻盛：在美国的商业模式中，日本的武士道精神可能根本不可能有任何作用吧。

山中：作为我们来讲当然想说你们肯定是看了我们的论文之后才进行研究的，然而讲这些根本没有用，因为老鼠是老鼠，人类是人类。

稻盛：这真是一场与毫无仁义的敌人的战斗啊。不过话说回来，你们能摆平这件事，也真了不起。

山中：当然我们的知识产权管理室在当时为了应对这场纷争做了很多的准备，而实际上如果真的发展成为纷争，这对双方来讲都没有什么好处，且不说那要花费几亿日元的纷争费用，到真正决出胜负的话肯定还要花上几年时间。而且估计我和相关人员也必定需要出庭作证，这本身就会花费我们庞大的时间和精力。当然，对方也一样。

稻盛：的确是这样。

山中：所以，我们就提出让我们大家见面聊一次。后来他们就来到京都大学，然后我们就进行了 3 天的讨论和争辩，最后终于找到了双方都能够接受的妥协点。

稻盛：在这个点上能够实现双赢？

山中：嗯，考虑到如果发展到纷争的话，我们双方所需要付出的成本，最后我们就在那个妥协点上达成了一致。这个问题最终就这么解决了，但其他企业也有可能会再以其他方式前来进行挑战，所以我们现在也不能掉以轻心。

不想发表 iPS 细胞论文的理由

稻盛：对于专利和知识产权等，我也有很大的兴趣。京瓷也是一家通过技术研发而成长起来的企业，所以也非常重视专利和知识产权。不过到 20 世纪 70 年代为止，京瓷对于获得专利什么的并不热心和积极。迫不得已很有必要获得专利的，没有办法，那就去申请专利，但基本上都坚持了不去申请专利的方针。

因为如果去申请专利，就需要将专利技术的概要写明白了之后进行公开。而这样的话就会被竞争对手模仿和抄袭。所以我们当时尽可能地把公司研发出来的技术以企业机密的形式保留着。当然因为我们的产品也会流通，所以即便这样，市场上还是会有我们产品的模仿品流行，这也没什么办法。然而进入 20 世纪 80 年代之后，我们之前的做法已经不能再继续了，现在是只要研发出新技术来就去申请获得专利，已经完全变成这么个方针方向了。

山中：非常理解。对于大学的研究者来讲，专利当然非常重要，但在此之前如果不发表论文，作为一个研究者是不会得到认可的，甚至有时候会连自己作为研究学者的身份都无法确保。尤其是现在这样用 5 年，或者 3 年的竞争性资金来搞研究的情况，更是在两三年内如果不发表一篇论文，没有什么研究成果的话，身份也会丢失，研究就更没有办法持续。同样都是做研究，民间企业的研究所又跟大学的研究所完全不一样。一家制药公司的研究所的所长曾经跟我说：企业的研究所要取得成功，秘诀就是不写论文。而大学的研究所就不可能说出这样的话。所以从这里就可以看出民间的研究所跟大学的研究所之间的区别还是非常大的。

稻盛：发表论文，实际上就是免费公开自己的论文内容。那能不能先取得知识产权，之后再发表论文呢？

山中：本来应该是那样的，而且我也很想那样做。就拿老鼠 iPS 细胞技术的例子来讲，2005 年 12 月提交了专利申请书，第二年 2006 年的 8 月在科学杂志 *Cell* 上发表了论文。如果这是企业研究所的话，在研发成功老鼠的 iPS 细胞这个阶段上是不可能发表论文的，在老鼠这个阶段发表了论文的话，肯定会有大量的人来模仿、研究人类的 iPS 细胞，这样一下就会形成激烈的竞争。所以如果是企业，肯定会在等到人类的 iPS 细胞的技术研发出来之后，将人类的 iPS 细胞技术和老鼠的 iPS 细胞技术同时发表。

而我当时在进行一个为期 5 年的大型研究课题项目，那个时候正好进入第三年，如果在那个时期不发表论文，研究课题的经费是不可能持续的。所以没办法，只有心不甘、情不愿地将论文写出来发表了，这却造成了严重的后果。因为就像预料的那样，iPS 细胞技术研究的竞争一下子就变得异常激烈，我们也因此吃了很多苦头。

稻盛：在公开老鼠的 iPS 细胞技术的时候，您当时认为人类的 iPS 细胞技术的研发成功大概还需要多长时间呢？

山中：从老鼠 iPS 细胞技术的公开到人类 iPS 细胞技术的发表，最后的结果是花了大约 1 年的时间，其实当时没法预计会花多长时间。

稻盛：用老鼠做实验成功了，人类的也应该会成功吧？

山中：应该是会成功，但当时认为很可能不会那么容易就成功。因为 ES 细胞就是这样，老鼠的 ES 细胞技术研发成功是在 1981 年，而人类的 ES 细胞的研发成功却是在 1998 年，之间花了 17 年呢。

稻盛：所以您就认为老鼠终究还是跟人类有很大的差别吧。

山中：是的。在细胞的癌病变上，老鼠和人类也是有很大不同的。拿来一个正常的细胞，将几个癌症基因放到这个正常的细胞里面的话，细胞会发生癌病变。老鼠的细胞的话，一般来讲只要放进一个癌症基因，就会发生病变，而人类的细胞则不是这样，放进一个癌症基因并不能让人类的细胞发生病变，而必须放入多个癌症基因。所以比起老鼠，人类的细胞更加复杂、更难。这也说明人类的细胞是高等的，安定性也是非常强的。而实际上，制作 iPS 细胞和制作癌细胞，这两者之间有很多共通点。

稻盛：哦，是嘛。

山中：iPS 细胞也是，癌细胞也是，本来不会增殖的东西却会不断增殖。已经分化的细胞会复原，会变得幼弱化，这些都一样。

稻盛：原来如此。

山中：所以在进行 iPS 细胞技术研究的时候，老鼠的 iPS 细胞放进了 4 个基因实现了初始化，而人类的细胞则有可能需要放六七个基因，再要找出那两三个基因的话还不知道到底要花多少年呢，我当时就是这么想的。可能是5年、10年，也可能要花更长的时间。但实际却没想到竟然这么顺利，一下子就把人类的iPS细胞研制成功了。

稻盛：那也很难去阻止老鼠iPS细胞的那篇论文发表，是吧？

山中：是的，因为在等待的过程中，我很有可能会丢掉工作。所以当时就决定先把老鼠iPS细胞的论文发出去。当时那样做到底是好还是不好，这个嘛……也没法说，现在已经就是这样了。

稻盛：在现在的研究所里，什么时候发表论文，是否申请专利，获得的专利权应该对谁租借、该如何操作等，对每个研究的成果如何进行处理，这些判断都是由担任所长的山中老师来判断吗？

山中：基本上是这样。因为CiRA的存在目的就是为了实现iPS细胞技术的临床应用，利用那么多的国家资金获得了专利之后，如何应用才能更好地促进临床应用和产业化的发展，这是非常重大的课题。但这里面也需要进行一些难度非常高的判断。

稻盛：具体怎么说呢？

山中：首先要判断是否需要获得专利。为了促进产业化的发展，其实我们可以选择完全不去申请专利，将论文全部公开。这样的话，无论是谁，都可以自由地使用。但实际上如果真的这么做了，却也有问题：谁都可以使用，从企业的角度来看，因为风险太高反而可能不会去积极地利用。可能还不如受到专利权保护的情况，可以安心地进行投资，结果就可能会促进产业化的快速发展。

稻盛：这里实际上也需要类似于企业经营者的感觉。

山中：作为我个人的理想，当然是没有什么专利，大家都能任意地、随意地使用，这样我认为是最好的状态。但从企业的立场来看，进行这个项目至少也要进行几百亿的投资，如果没有专利权的保护，这里面的风险就太大了。这样非常微妙的判断和平衡，让一所大学的研究者来做，的确是太难了。

稻盛：是啊。企业是要进行投资的，当然也希望有对自己企业有利的投资条件。

山中：我认为有非常强烈独占欲的企业还是很多的。比如对于不同的疾病治疗技术，“请把这个技术的使用权全都给我们吧”，他们会提出这样的要求。这个时候我就会回答他们说：迄今为止我们没有给过任何人独占权，我们也会给你们，也会给其他的企业，如果国外有企业也想做同样的事业，那我们也会给它们。我现在就是在这样做的。

稻盛：对于外国的企业，要求的条件跟日本企业完全一样吗?

山中：有各种各样的条件，不敢说是完全一样，但不会因为它们是外国企业，就收取比日本企业高的专利使用费。也就是说，我们不是仅仅保护日本企业，所以企业之间也会发生竞争。但这样的判断，今后是不是一直会这样，到底是不是正确，现在还不知道。也许到了某个时点上就需要做一子调整和改变。

稻盛：也就是说，需要根据实际情况和时机来进行判断。不管怎么说，这都不是一个容易的判断。

山中：是的。因为 iPS 细胞技术是一种活用性很强的技术，现在我期待着这些企业能够根据自身的特点和强项来研发出新的技术和产品，并去获得专利。比如利用 iPS 细胞技术开发出制作分化细胞的技术，然后获得专利并在竞争中获得相应的利润。但最根本的 iPS 细胞制作技术必定由京都大学掌控并进行广泛推广，在这个最根本的地方是不允许产生竞争的。这是现在我们坚持的原则。

作为领导，需要的是斗志而不是竞争心理

稻盛：现在在美国，有不少那样的企业，买来一些不怎么著名的专利，然后就在全世界对相关企业进行调查，看看是否有企业在使用或者以前使用过他们所买入的技术专利，发现了之后就去找到对方说侵害了它们的专利权，以此来获得侵害赔偿。有很多企业甚至都把这种做法当成了自己的盈利模式。

山中：这真是日本企业根本无法想象的事情，而它们却在做。从得失的角度来看，它们这样做可能是得到了很多，但从善恶的角度来看，一般来讲却是绝对不能做的事情。

不过，如果它们挑战，打到家门上了，作为我们来讲也不得不应战。但我们研究学者基本上无法应对这样的战斗。刚才讲过的与那家美国创意企业进行谈判的时候，我们也是安排了两位对专利纠纷非常有经验的律师从头到尾一直跟着并参与了我们的谈判。

稻盛：是吧。我以前也因为京瓷获得的专利，曾经在加利福尼亚州的法庭出庭作证。

山中：您还出庭作证过啊？

稻盛：那次也是专利纠纷，最后当然是我们赢了。不过，在这

样的法律斗争之类的问题上，日本的法律界可能还是相对比较弱吧。

山中：可能是因为日本人以谦让作为美德，有这种利他精神的缘故吧。

稻盛：不，我不这么认为。

尤其是作为企业和组织的领导，总是会遇到为了保护组织和组织里的员工而需要拼尽全力进行战斗的时候。我经常说不能有利己之心，而是强调利他，但作为一个领导如果不能为正确的事情斗争，而是简简单单地就进行妥协和让步，这其实并不是利他之心的表现。反而在多数情况下，这种轻易的妥协和让步是利己行为。很遗憾，我觉得日本企业里真正能认识到这一点的领导很少。

山中：为什么说这是利己行为呢？

稻盛：利他之心的前提是“正确地做人，并坚持始终”。也就是说，作为一个领导，对于那些从正确做人上来看是不正确的事情，就不能轻易地进行妥协和让步。

山中：哦。

稻盛：但是，有利己之心的领导，则经常会因为有“进行妥协和让步，自己会轻松”，或者“自己卖个人情给对方”这样的自我得失上的想法而妥协。坚持正确做人，坚持做正确的事，这实际上并不容易，所以他们不愿意跟对方进行艰难的谈判和交涉，想尽快摆脱这样艰难的状况好让自己轻松一些，这些做法在本质上都是利己的行为。

山中：比起坚持正确做人，选择轻松更容易。

稻盛：这样的领导，很有可能会危及企业和组织的未来。所以像山中老师这样，即便是在这么激烈的国际竞争之中，对于应该坚守的事情死守到底、战斗到底，这种姿态，我认为很了不起。之所以能够做到这一点，我认为这是因为山中老师心里有着明确的目的意识和使命感。我觉得最近日本企业的经营者所缺少的，正是这种强烈的使命感。

山中：非常感谢。

稻盛：比如说日本的电机制造企业为什么会接二连三地败给韩国企业和中国企业？的确，不可否认长期低迷的经济大环境和较高的日元汇率，以及能源问题等给日本企业的经营环境带来了不利的影响。但越是在这种艰难的环境下，企业的领导越是需要有拼尽全力让企业经营得更好的使命感。即便是在恶劣的状况之下，也要为自己制定较高的奋斗目标，并想尽一切办法达成目标，如果没有这种自我燃烧的热情，企业是不可能在激烈的国际竞争中存活下来的。

山中：的确。在我们研究者的领域里，从竞争力的角度来讲，我们根本没有办法与美国相比，无论是从研究经费还是从研究人员的数量上来看，美国都是日本的10倍左右，所以接下来整个世界的发展也肯定是以美国为中心。但我认为越是这样，日本所负有的使命也越大。

稻盛：什么样的使命呢？

山中：如果把研发竞争比作拔河比赛，美国有10倍的人数，所以日本在这场拔河比赛中不可能取胜。但日本可以掌控住拔河绳中最根本上的部分。

稻盛：这里的拔河绳，说的是知识产权吗？

山中：是的。没有日本，这场拔河比赛根本无法开始。所以日本就应该积极地把这样的最重要的东西掌控住，从而在研发竞争中夺取主动权。我认为这是为了实现iPS细胞技术的临床应用化和产业化，CiRA所负有的一个重要使命。

稻盛：从目前来看CiRA做到了这一点。

山中：是的。虽然不能说是完全地、彻底地做到了，但在一定程度上应该说已经掌握了主动权。但从目前iPS细胞关联技术的发展，以及企业的参与状况来看，情况并不是十分乐观。不仅仅是最基本的技术专利，我们也需要掌控各种各样分化细胞的制作技术的个别专利。通过尽可能地掌控一些专利，让更多的人和组织能够相对自由地使用，这可以让我们始终把握住主动权，也可以增加进行专利权交换谈判时候的筹码。而这样，始终对欧美企业带有强烈的竞争意识，能促进产业化更快的发展。

日本有“人”的资源

稻盛：山中老师在美国也有自己的研究室，所以对美国的情况也是了如指掌。美国除了资金和人才这两个方面，还有哪些地方比较强呢?

山中：我觉得日本需要学习美国的企业和大学能够迅速地实现合作等这些特点。美国有很多好的做法，日本也需要导入这些好的做法。而另一方面，美国是企业主导研发，所以对那些很难产生利润的疑难杂症治疗方面的研究，它们比较消极。所以那些因不能产生利润而被抛弃的疾病的治疗方法，以及新药的研发，可以说是日本所背负的使命。

稻盛：具体来讲是一些什么样的疑难杂症呢？

山中：京都大学正在推进一些比如肌肉萎缩侧索硬化症（ALS）、杜氏肌营养不良症、进行性肌肉骨化症（FOP）等各种各样的疑难杂症的研究。

稻盛：原来如此，正是因为是公共机关，不以追求利润为目的，所以能够坚持推进吧。

山中：是的。为了推进这些课题的研究，国家向正在从事再生医疗研究和新药研发的多个大学和研究机关提供了一些额度比较大的研究经费。

稻盛：日本是一个资源贫乏的国家，所以日本政府为了日本经济未来的发展，急需找到一个新的经济支撑点。现在对以iPS细胞为首的生物制药方面抱有很大的期望，并进行一些先期投资，这应该也是理所当然的。

山中：而实际上，现在资源丰富的国家也在积极地在生物制药方面进行着大量的投入，在为积累自国的知识财产进行着积极的努力。

稻盛：是吗？

山中：是的。前些日子卡塔尔现任首长的母亲到CiRA参观访问。您也知道卡塔尔是一个资源丰富的国家，在国土面积上虽然还没有日本的秋田县大，但石油和天然气的存储量十分巨大，尤其是天然气的存储量，据测算是世界第三名，占全世界存储量的 13% 左右。即便这样，他们也认识到，如果单纯地依赖这些资源，将来等到资源枯竭的时候，整个国家就会陷入危机。所以他们说从现在开始就着手发展科学技术，尤其是注重生物制药方面的研发，期待科技的发展能够成为卡塔尔未来经济发展的资源。

稻盛：除了卡塔尔，还有哪些国家在关注这个领域呢？

山中：俄罗斯也是如此。从目前来看，虽然日本在医学、生物学等领域有很大的优势，但很多国家也正在追赶我们。中国发展得很快，已经快要追上来了，而且如果就这样下去，俄罗斯、韩国、新加坡等国家都很有可能超过我们。日本不加油、努力是绝对不行的，我现在有一种强烈的危机感。

稻盛：是吗？

山中：还有一个就是对人才的培养。日本有世界上最优秀的技术人员。他们不但技术水平高，勤劳且有高度的合作精神、创意灵活性，并善于进行改善。他们也肩负着日本科技立国的重任。如果有年轻又高度灵活的人才源源不断地加入我们来从事研究事业，日本肯定会有更大的发展。而如果不能培养出这样的人才，我们将不是世界各国的对手。然而现实很残酷，越来越多的年轻人开始远离理科，问题非常深刻。很多研究者都在担心，这样下去，日本的科技人才将面临枯竭。

稻盛：正如山中老师说的那样，雇用环境的问题还是非常严峻的。

山中：是的。在日、美两国的工作经历，让我深刻地感觉到日本研究者的社会地位不是一般的低，尤其是大学的研究者，没有安定的雇用，这让年轻人根本感觉不到从事科学研究这个职业的魅力。相反，在美国，研究者的社会地位非常高，所以从事科研工作也是小朋友梦想的职业之一。工作的难度相同，但美国的雇用安定，而且工资很高，大家都住在非常舒适的房子里，也能与家人享受长期的休假，多数人都能非常幸福地生活着。

稻盛：想要取得了不起的研究成果，首先要有安定的生活基础，而且还要有在此基础上形成的精神上的轻松感。

山中：对此我自己深有体会，因此我强烈希望在日本建立起能让胸怀大志的年轻人安心地从事科研工作的雇用环境。

第7章

科学进步能让人类幸福吗

:: 对少子化社会来说，iPS 细胞是大善，还是小善？

iPS 细胞的最前线

稻盛：关于 iPS 细胞技术研发的国际竞争肯定会愈演愈烈，从目前的状况来看，iPS 细胞的临床应用方面的研究大概进行到什么程度了呢？

山中：现在，激烈的研发竞争正推动着 iPS 细胞技术向医疗应用领域迅速地发展。再生医疗、新药研发，以及疾病原理的破解等，在各种各样的领域，都实现了超出我们预期的高速发展。之前用山比喻疾病，有多少疾病就有多少山顶，而各个领域的专家都在各自的专业范围内朝着自己的山顶持续地攀登。在再生医疗方面，神户的理化学研究所利用一位患有老年黄斑变性症的患者的细胞，使用 iPS 细胞技术制成了视网膜色素上皮细胞，并于 2014 年 9 月对那位患者成功地进行了移植手术，这是世界上首次利用 iPS 细胞技术的临床研究。在新药研发方面，在许多企业的帮助下，我们利用 iPS 细胞技术做成了病态模型细胞，并开始对药物的候补物质进行检测和筛选；对于现有的药物，我们也在研究检测，看它们是否有延缓或阻止疑难杂症病情发展的效果。

稻盛：也就是说，在医疗应用上，我们正在一步一步踏踏实实地推进着，对吧？

山中：是的。另外还有一些独创性的研究，比如说东京大学中内启光教授的团队，正计划利用 iPS 细胞技术尝试在猪的体内培养人类的内脏。

稻盛：哦，这都可以啊！

山中：虽然利用人类 iPS 细胞的实验还没有取得成功，但利用老鼠实验已经成功了。老鼠分为 mouse 和 rat 这两种，在 mouse 的体内培育 rat 的胰脏实验已经获得了成功，所以只要用同样的技术，从理论上来看，我们也应该能在猪的体内培育人类的胰脏或肝脏等人体器官。

稻盛：这个是要怎么做呢？

山中：中内老师的团队计划进行的实验是这样的：首先对猪的受精卵（胚）进行调整和操作，使它不会生成某种内脏器官，并将人类的 iPS 细胞移植进去，这样就会形成一个“动物性集合胚”（向动物的胚里面植入人的细胞而形成的胚）。然后让这个胚在猪的子宫壁上实现着床。这样，生下来的小猪，在缺失的内脏器官的地方就会长出人类的相应内脏器官。将来，我们可以拿这个器官进行移植医疗，或者用于新药的研发之中。本来，日本的研究方针是禁止向动物的受精卵里植入人类的细胞的，但在 2013 年夏天，鉴于中内教授的研究课题的重要性，日本政府的生命伦理专门调查会在基础研究这个领域内，有条件地认可了这种做法。对于完全解禁这个问题，由于牵扯到生命伦理方面的问题，在政府层面上已经开始了这方面的讨论，但估计这种讨论会花费很长的时间。

稻盛：这的确是个难题。现在世界各国的研发竞争十分激烈，而政府进行干预和限制，我们的进度肯定会受到影响。但伦理的确需要重视，不能是为了搞研究而做什么都可以……

山中：目前的现实问题是我们的内脏器官很欠缺，只要有足够的内脏器官能进行移植，仅仅是日本国内也肯定能够挽救更多人的生命。现在每天都有在等待心脏移植的患者由于等不到可以移植的心脏而死亡，很多白血病患者也是因为等不到合适的骨髓可以移植而去世。而我们现在已经有了可以挽救这些人生命的技术。但现实中还是有很多人对于在动物体内培育人类内脏器官的这种做法很难接受，而且在生命伦理上对这方面的讨论也没能跟上。不过我们也应该看到，关于再生医疗的法律制度方面的环境创造方面，我们还是取得了很大的进步的，2013 年国会通过了《再生医疗推进法》，而且在同年 11 月也通过了《再生医疗安全性确保法》等，明文规定所有的再生医疗项目，必须向国家提交实施计划和安全性报告，并接受审查与监控，也就是说，在再生医疗这个领域里，在法律环境上已经形成了有油门也有刹车的制度机制。

稻盛：关于现在的内脏器官移植，经常听说因为移植的内脏器官跟患者的人体会产生强大的排斥反应，所以为了缓和这种排斥反应，患者不得不服用大量的药物，这对患者的身体会造成很大的负担，现在的情况还是这样吗?

山中：是的，现在移植的内脏器官本来是别人的东西，所以患者肯定需要忍受来自排斥反应或副作用的痛苦。首先来自移植器官的排斥反应会发生。为了缓和这种排斥反应，就需要服用大量的药物，而这些药物又会引发一些副作用，为了消除这些副作用，就又需要服用更多的药物。

稻盛：而如果用患者自己的 iPS 细胞来制成内脏器官，因为本来就是自己的东西，所以这样的副作用也就不会发生，对吧?

山中：理论上是这样的。理论上来看，因为移植的是利用患者本人的细胞制成的内脏器官，所以首先排斥反应应该会比较小。但因为我们到目前为止也没有真正做过这样的验证实验，实际上做的时候出现强烈的排斥反应，或者发生了没有预想到的副作用而导致最终失败，这样的可能性也不能完全排除。理论上绝对应该变成这样，但实际上试着做一下结果完全相反，这样的案例要多少有多少。尤其是关于 iPS 细胞的移植，人类还没有进行过这样的实验，所以不试着做一下，根本不知道结果会如何。所以我们研究者在真正向患者进行移植之前，首先需要进行大量的非临床实验（对动物等进行实验），通过这些实验获得大量的数据，来慎重地研究技术的安全性和有效性，以及在发生意外的时候的应对方法。

稻盛：原来如此。会不会出现这种情况，可能不同于排斥反应，就是在进行器官移植之后，由于是别人的内脏器官，本来就不属于患者的身体，而移植进来之后，患者自身的思维方式、内心的想法等有没有可能发生变化呢？或者那是因为患者的大脑受到某种影响或刺激，而使患者本人在性格上发生某种变化？或者比如会出现幻觉或幻听？

山中：大脑以外的内脏器官的移植，对患者人体会造成多大的影响，现在也没有被完全掌握。内脏移植会不会对人的性格产生影响这个问题，说实话现在也无法断言肯定不会有影响。

稻盛：是吧。

山中：正像您所说的，人的性格也的确会因为人脑里的一点小小的改变而发生变化。比如人脑里即便存在非常小的一点出血，人的性格也都会发生很大的变化，本来很和善的人也许会变得很凶暴。我就经常被别人说只要一喝酒，马上就像变成另一个人一样（笑）。

稻盛：我有时候也这样。在公司与部下喝酒的时候，部下因为喝了酒而前后性格不一样的时候，我都会跟他说“你没有资格喝酒”……哎，医学虽然已经进步了很多，但还是有这么多的疑问没有解开啊。

山中：是的。我们对于自身，实际上有太多事不了解。有些科学家有时候会桀骜不驯地说自己什么都懂，而实际上真正了解的可能连 1/10 都不到。尤其是关于人脑，我觉得可能目前有 99.9% 以上都没有解明。所以作为我们，必须牢记：我们对人类自身连 1/10 都没有了解透，却要在这个基础上进行我们的医学和医疗的研究。关于人脑机能的研究，从 2013 年开始美国奥巴马政府开始了“大脑活动地图”（Brain Activity Map）这个课题项目，据说想花 10 年的时间彻底揭开人类大脑活动的秘密，但关于人类的大脑，不知道的地方实在是太多了，所以我觉得这个研究不会像基因组解析进行得那么顺利。

稻盛：是啊，像癌症，全世界那么多人花了那么长时间进行了无数的研究，到现在也还没有弄明白呢。

山中：是的。关于癌症的研究，也是美国在 40 多年以前的尼克松总统的时候提出要彻底了解癌症并克服癌症，研究了那么长时间，到现在依然还有很多癌症没有很好的治疗办法，更谈不上克服了。人类的身体很难懂，我们的身体真的是很难懂啊。

科学也容易被坏人利用

稻盛：刚才您说的那件在猪的体内培育人类的内脏器官的事情，细细想一下，这件事情一个不小心，感觉会发生非常恐怖的事情。

山中：利用老鼠的肝脏细胞制成 iPS 细胞，然后用这个 iPS 细胞再制成老鼠，首次成功地进行了这个实验的是鹿儿岛出身的一位女性研究员。制成的那只老鼠真的就在我们的眼前跑来跑去，而实际上几个月之前它还仅仅是一个肝脏细胞。当时我还对那个女研究员说："这只老鼠看上去跟一般老鼠没有什么两样，但有可能是人类的第一个成功的实验。"现在想想，那个时候看到那只老鼠跑来跑去，真的有种非常不可思议的感觉。而且比如用人类的皮肤细胞制成 iPS 细胞，然后再对它进行诱导让它分化，最终形成一个跳动着的心脏，这个实验的首次成功，正好是我在美国 Gladstone Institutes 出差的时候。当时收到在京都的高桥君给我发的邮件“山中老师，我们做成的心肌细胞还在跳动呢”，马上就让高桥君向我的电脑里发了相关的视频。在我打开视频文件看到视频的时候，有一种非常不可思议的感觉。本来是一个皮肤细胞，而现在却在那里像我们的心脏一样怦怦地跳动，而且跳动的频率跟我们的心跳一样，这真是太难以想象了。事情虽然已经过了七八年，但现在我仍然有种难以理解和接受的感觉。我们进行这样的研究是不是真的就是好事情呢？我内心深处总是有这个问题。

稻盛：之前这都是只有神仙才能涉足的领域，而现在我们进来了。

山中：嗯，如果有坏人想利用，方法也是多种多样的。比如在进行体检的时候，从稻盛先生的体内稍微多抽出一点血，然后用这些血液细胞制成 iPS 细胞，并通过诱导让 iPS 细胞分化成精子和卵子，这样的话，在理论上就可以制作成一个与稻盛先生有相同基因的孩子。

稻盛：也就是说利用 iPS 细胞可以制成精子和卵子，让它们结合之后再植入人体的子宫里面，是这样吗？

山中：目前来讲我们还没有这项技术，但将来我想肯定能够实现。因为我们已经成功地用老鼠的 ES 细胞和 iPS 细胞制成了精子和卵子，在美国很早就已经存在试管婴儿，也就是说精子库销售一流运动选手和知名学者的精子。当然目前来讲精子的提供需要经过精子保有者本身的同意，而现在来看以后可能连许可都不需要了。在本人根本不知情的情况下，他的精子会作为一种生意、一种商品被卖到这里或那里。这种事情真的有可能会发生。

稻盛：通过这种方式出生的婴儿，就是所谓的克隆人，对吗？

山中：这个解释起来比较麻烦，跟核移植的克隆还是不同的。做成精子和卵子的时候会发生一定的基因重组，所以总共 30 亿文字的碱基对的排列方法，不会跟稻盛先生的一模一样，也就是说设计图会发生一些变化，比如说在长相上会跟稻盛先生有所不同，性格上也会有所不同。

稻盛：哦，不管怎样，还是很恐怖啊。

山中：不过这对不孕不育症的患者来讲却是一项非常值得期待的技术。目前日本正面临着少子化这个深刻的社会问题，而这个问题之所以会发生，其中一个原因就是虽然很想要孩子，却总是怀不上，据说抱有这样的问题和困扰的夫妇现在越来越多。

稻盛：的确是双刃剑啊。

山中：另外更难的问题还是伦理问题。比如利用这项技术，将来同性恋的人也有可能有自己的孩子。因为从理论上来讲，分别从同性恋的两个人那里各取一个细胞制成 iPS 细胞，再制成精子和卵子，这在技术上应该是可以的。但在伦理上到底合不合适？这样做到底行不行，这的确是个问题。

稻盛：这真的是神仙管辖的领域。

山中：iPS 细胞技术的成功研发，经常被称为打开了潘多拉魔盒。实际上 ES 细胞技术也是这样。科学技术的发展是多个发现的连续，一个科学家能做的事情真的非常有限。就像是车站接力马拉松一样，接力带会不断地传递下去，再过 10 年，现在治不好的病可能到时候就能治好了，或者说运气好，可能很快就可以帮助眼前的患者消除病痛的折磨。但不管怎样，将研究不断地持续下去，这是非常重要的。尤其是作为打开了潘多拉魔盒的团队领导，如何才能让研究的成果尽快地为患者的治疗做出贡献，我想我坚决不能迷失了这个终极目标。

对谈是在稻盛财团的沙龙进行的。

稻盛：的确，在我小的时候被称为不治之症的肺结核，现在也已经可以治疗了。

山中：目前我们还面临很多病因和治疗方法都没搞清楚的

疾病。因为成功研发了 iPS 细胞技术，所以最近我们跟 ALS（肌萎缩侧索硬化症）等疑难杂症患者的家属见面的机会增加了很多。ALS 这种病，是说全身的肌肉迅速萎缩，最后变得根本不能从事任何运动。由于这种病的患者本身比较少，迄今为止对于这种病的研究也基本上没有什么进展，所以可以说是如果患上了这种病，只能眼睁睁地看着他的情况恶化。而现在，iPS 细胞技术的问世给这些患者带来了很大的希望。当然日本人经常会感染的疾病也是我们的研究对象。比如糖尿病，这种病是由于产生胰岛素的细胞功能发生紊乱而引起的，所以我们现在期待能通过 iPS 细胞技术来制造出合格的能够产生胰岛素的细胞，这样就可以从根本上治疗糖尿病。

iPS 细胞是大善，还是小善

稻盛：听您说了这么多，iPS 细胞技术的成功研发，能够帮助人们摆脱病魔的折磨，为了让人类的寿命尽可能地延长一点，您正在努力进行着您的研究。眼前所存在的善，乍一看的确是朝着善的方向在发展，可最后的结果却也有可能并不是我们想要的。

山中：是的，很有可能。

稻盛：我有一条信念，就是我们人类的未来，只有在科学的发展和人类精神的深化，这两者实现平衡的时候才能实现真正的安定。也正因为这个想法，我创设了京都奖。所以如果稍微说得严重一点，包括 iPS 细胞在内的医学技术的发展，到底是能消除人类疾病的大善，还是能给人类带来灾难的小善，这关键还是要看我们如何把握这两者之间的平衡。

山中：两者之间的平衡？

稻盛：佛教有一句名言叫作“小善如大恶”，说的是小善最终会变成大恶。所有的科学技术的研究都是为了我们人类自身而存在。山中老师的 iPS 细胞是为了挽救遭受疾病折磨的患者，也是为了尽可能地延长人类的生命，这对人类来说是善行。但是，这些努力最终能否真正成为拯救人类的大善，这却是我们很难知道的。我想这将是科学进步必然会面临的一个重大问题。

山中：是啊。

稻盛：这实际上很难把控，一不小心就极有可能方向一转变成大恶。比如无论是谁都希望自己能够健康并长命百岁，同时医疗也很快地向前发展，然而这样却会成就一个超高龄化的社会。另一方面从现在开始 50 ~ 100 年，如果地球人口突破 100 亿，估计我们的食物、资源都会不够，会枯竭。那么，我们人类的进步和地球之间的这个平衡应该如何把握呢？我感觉人类现在的繁荣可能已经开始超出地球的承受范围了。经常会在电影里出来的画面，就是美国的一种叫作布法罗的野牛，您知道吗？电影里经常会看到几千头甚至几万头布法罗成群结队地，像怒涛一样地奔跑着，席卷着整个巨大的荒野，那个气势真的很壮观，同时也感觉到自然的伟大。我们人类同样也是地球上的一个物种，然而我们将远远超过布法罗，将会有 100 亿人口在地球上生存。所以，科学技术的进步，会引发的人口增加，我感觉这里面却也存在一些不可估测的风险。也许，我们现在需要不追求不必要的东西，需要回到原始的自然法则和规律当中。也就是说，人类的生死都由自然去决定，这从表面上看似乎是冷酷无情的，但从地球规模这个大的视点来看，却也许是善行，即所谓的“大善似无情”吧。

山中：实际上前些日子，很偶然地，我得到了一个在自民党的大会上进行演讲的机会，当时的演讲题目是“2030 年我们应该怎么办”。很早以前我就一直非常关注世界各国的人口分布的情况，所以借那个机会就调查了一下。大部分的发达国家的人口分布都是像挂钟一样的形状（下面的年轻人比较多，越到上面高龄人口较少），而日本由战前的富士山的形状，变成了现在的菱形分布。

稻盛：小孩子和年轻人的人口非常少。

山中：是的，我们与其他国家相比，高龄化问题更加突出。而如果到了2050年的时候，据测算将会形成一个倒富士山形状。如果真的变成这样，估计医疗保险、退休金、社会福利等，会因为下面劳动人口的急剧变少而给整个社会造成不可估量的巨大压力。而我们现在所进行的这些研究，可以肯定的是会直接导致上面的高龄者人口增加，对下面年轻人的人口增加，却不会有太多直接的关联。

稻盛：年轻人的负担一旦过于沉重，可能就会陷入一个恶性循环，那就是更没有能力去生养孩子了。

山中：年纪大的人也是，健康长寿就一定幸福吗？这个可能也很难说了。到了2050年，我们整个社会的福利水平等如果跟不上，即便身体很健康，吃的、住的条件水平可能并不会很好。即便如此，对于年轻一代的压力也会非常大，这样导致的直接结果就是年轻人更不会去生养孩子，所以我们的确很有可能陷入一个极端的恶性循环之中。而如果真的变成了这种情况，将来我们的子孙后代在谈起我们的时候，可能会说我们都是一些非常极端的利己主义者。我把这些话讲给议员听，他们却说："担心这些事情是政治家的工作，而

作为老师，您就安心地努力做好研究吧。”（笑）

稻盛：的确，日本的老龄化问题，接下来会越来越严重。

山中：关于利他之心，虽然修行还远远不够，但我觉得现在，为正在遭受病魔折磨的患者治病是利他，而在现在就负责任地为将来我们的子孙后代的生活而思考，这应该也是利他之心吧。延年益寿，这对现在的人们来讲可能是好事，但对我们的下一代，或者更后面的人来说，我们所做的这些很有可能会给他们造成很大的负担和麻烦。科学进步，有时候看起来发展很慢，但在某个时点上会砰的一下，突然就有一个巨大的进步，iPS 细胞也是这样。以前认为只有科幻小说的世界里才会有的东西，现在都在逐渐变成现实。七八年前，记得当时有个人笑着跟我说：“山中老师，听说在美国有这么一个专利申请被提交上去了呢。”当时我也仅仅是把它当作一个笑话，内容是一家美国的创意企业计划用 3D 打印机来制造内脏器官。当时听了之后，记得我一边笑一边说“怎么又是这样的话题”，而现在，我已经笑不出来了。

稻盛：现在真的能用 3D 打印机来制造人类的内脏器官吗？

山中：虽然目前还做不成人类真正的内脏器官，却能巧妙地将人类内脏器官的模型制造出来。在进行复杂的手术之前，利用患者的CT等数据信息，可以做成内脏的模型，这样可以进行手术的事先演练。而且现在也能做成人工的骨头，并已经被移植到了患者的身体里了。现在据说在外国，也有企业在利用3D打印机制作细胞，并试着最终将它们做成内脏或血管。

稻盛：能做这些的创意企业，真是令人惊讶啊。

山中：是啊。我曾经在俄罗斯见过类似于这样的创意企业的人，他们把利用人体细胞做出来的iPS细胞称为“墨水”。美国的创意企业也是以这种生物墨水为素材，正全力以赴地研发能够通过3D打印来制作出人类内脏器官的3D打印机。七八年前还只是当个笑话听的事情，现在已经变成了现实。

稻盛：医疗技术的进步和老龄化问题之间的关系，可能是永远也解不开的命题吧。这太难了。那也不能为此而放弃我们的研究工作。治病救人，延长人类的寿命，这应该是好事。

山中：为了揭开我们人类自己的真相，我开始从事这项研究。我们的生命中有着太多的不可思议，我们所了解到的真相可能还不到1/10。但从长期的时点，从整个社会发展的角度来思考问题的时候，我又会有疑惑：

我们所做的这些研究真的会对社会产生好的影响吗？有很多时候我会担心我们的研究可能并不会带来好的影响。

稻盛：您能有这种意识，我觉得就已经非常了不起了。今后也希望您一定挑战一下科学进步和地球生态这两者之间的平衡应该如何把握这个难题。

山中：实际上最近，我读了稻盛先生的书，有一个内容让我深有感触。

稻盛：哦？什么内容呢？

山中：是关于地狱与天堂的区别。

稻盛：哦，关于吃乌冬面的内容啊。

山中：是的。读到那里的时候，突然感觉刹那间，一下子就感触到了很多，明白了很多（笑）。

稻盛：感触到了什么呢？

山中：记得似乎是这么一段话。地狱和天堂之间并没有很大的区别，地狱里和天堂里，都有一口巨大的缸，里面都煮着非常美味的乌冬面。大家都拿着长达 1 米左右的筷子。住在地狱里面的人呢，都争先恐后地拿着筷子往大缸里伸，希望自己能尽可能多地吃一口乌冬面，但由于筷子太长，很难将乌冬面夹到自己的嘴里。而这个时候如果有人的筷子上挂上了一条乌冬面，那就会引发居民之间的抢夺，最终每个人都什么也吃不到，而变得日趋消瘦下去。但相反，在天堂上居住的人们则用长长的筷子夹起大缸里的乌冬面来放到对面坐着的人的嘴里，相互帮助喂给对方吃，所以天堂上的人们都整天笑呵呵的，也会变得胖乎乎的。

稻盛：是的。

山中：而这个时候我突然想：到了科学技术该出场的时候了。如果筷子太长没有办法吃到嘴里的话，那就研发制造出一种可以伸缩的筷子，伸入大缸里夹乌冬面的时候就伸长，夹到了之后按一下手里的按钮，筷子就收缩回来，这样住在地狱里面的人也就可以吃到乌冬面了。科学家肯定会想到这一点，也会制作出这样的筷子吧。

稻盛：原来如此，听上去很有趣。

山中：但是在天堂的人不需要这么麻烦的科学技术，用着长长的筷子也能互相帮助喂饭给对方吃，都保持着非常融洽的关系。如果忘记了这一点，科学技术即便是有了很大的发展，即便是吃到了乌冬面，大家却也不一定是幸福的。

稻盛：哦，太了不起了。

山中：但作为我们这些科学工作者，一不小心还是会去地狱那里为那里的居民制造这种可以伸缩的筷子。

稻盛：利用自己的科学技术来寻找好的方法，解决如何才能吃到乌冬面这个问题（笑）。

山中：然后同时可能也会出现一些想从中狠狠赚一笔的人。而如果这么方便的筷子问世了，大家自然也就没有了相互帮助的机会。所以，读到这里，想到这些，我不禁受到了震撼。

稻盛：这个话题是我从我以前的老师那里听来的，像山中老师说的这样非常特别的感想，还是第一次听到。

柔韧的生存力“复原力”

山中：初中、高中这 6 年，加上大学 1 年，我一共练了 7 年的柔道，从柔道中学到的东西，我感觉到现在都还非常受用。当时指导我的一位老师名字叫作西滨士朗，两年前患了胃癌，虽然做了手术，但还是在 2013 年去世了，享年 70 岁。我见到他的最后一面是在他去世的 3 个月前，就是在那个时候，他也对我讲了一番话，让我受益颇深。

稻盛：哦，是什么样的教诲呢？

山中：当时我们都坐在车里，他突然问我："山中，你知道'复原力'这个词吗？"

稻盛：复原力？

山中：我当时也不知道这个词。据西滨老师说，复原力的意思是遇到非常不幸的痛苦的事情的时候，能够柔韧地面对并坚强地活下去的这种力量。比如说东北大地震让很多人流离失所、家破人亡，面对这样巨大的灾难，有的人感觉无法承受而选择自杀，而更有大多数人并没有放弃希望和梦想，依靠柔韧的生存能力勇敢地面对困难，努力地活着。这个时候这些还在柔韧地坚强地活着的人所拥有的力量，就是复原力。然后他还说："复原力是可以通过磨炼而变得强大的。"

稻盛：太伟大了。

山中：所以那个时候，我对西滨老师说，对我来讲，西滨老师您就是一个拥有强大复原力的人。因为虽然西滨老师本人也知道自己接下来最多只能活一两个月，但我丝毫感觉不到他内心的动摇。结果西滨老师回答我道："我也在考虑这个问题，为什么我能够这么坚强地面对现在的状况？我想肯定是因为我在感恩大家吧。"西滨老师当时的主治医师是老师的学生，也是我的前辈。西滨老师说真的非常感谢他，然后还有他的太太、他的家人、他的朋友、他的学生，大家都前来看望他，鼓励他，所以他说正是因为有大家的存在，有这么多人的支援，他才能够如此坚定地面对病魔。

稻盛：真是一位了不起的老师啊。

山中：是啊。西滨老师还说："练习柔道可以锻炼自己的身体，但同时也可以锻炼自己的复原力。但要增强这个复原力，只是自己一个人是不行的，必须对他人怀有感恩的心。只有对他人心存感激，复原力才能变得更强大。"我听了西滨老师这番话的时候，首先想到的就是对于西滨老师来说，感谢、感恩就是复原力，就是西滨老师强韧的源泉。

稻盛：是啊，感恩之心的确很重要，与利他之心也是相通的。

山中：我现在做这样的研究，也是为了能为社会、为他人做点有用的事情。但也总是会有这样的困惑：我该如何处理我自己的事情呢？宁可牺牲自己也为他人尽心尽力地做研究，这样的研究学者当然也有不少，而我是不是能和他们那样做到完全为他人着想呢？说实话，我可能还是想保住自己的生命。在保证自己生命的基础上，再来帮助遭受病痛折磨的患者。

稻盛：那样我觉得也没错，包括我自己，如果不是真正的圣人君子，基本上很难做到舍己为人。人也是动物，需要活着养家糊口，而且这也是非常重要的。山中老师刚才说过感谢、感恩这个话题，我觉得这是人生在世最重要的事情。我对自己的太太，对自己的家人，对自己的部下，虽然很多时候不会说出口，但在心里始终都是带着一种感恩的心。只有做到了这一点，我觉得其他一切工作、一切事情都会朝着好的方向发展。

促进精神深化的东西

山中：在京都奖的理念里面，有一段是“人类的未来，只有在科学的发展和人类精神的深化这两者之间取得平衡的条件下才能获得真正的安定”，我非常赞同这句话。作为科学工作者，我们的工作主要跟科学技术的发展相关，而对于后者，关于人类精神的深化，我也经常在思考，具体来讲，到底说的是一种什么样的状态呢？

稻盛：具体来讲，我也不是十分确定，但科学技术的发展，现在正在我们人类所拥有的好奇心和探求心之下渐渐地一步一个脚印地向前推进着。但精神的深化，我想应该不会像科技那样能够看到确确实实的进步。比如山中老师在进行的 iPS 细胞技术的研究，现在可以说已经进入了神仙管辖的领域，这也是因为我们人类有强烈的好奇心和探求心，驱使我们不断推进，所以这里也不会有人说出不要研究了这样的话。但是，我认为在做出“朝着这个方向进行研究”这个决断的时候，我们当时所有的精神状态非常重要。也就是说需要在非常纯洁无瑕的精神状态下做出“朝着这个方向进行研究”这个决断。如果这个时候在我们的精神状态里面存在一丝一毫不纯的东西，我认为我们的研究结果也肯定会完全不一样。

山中：不纯的东西，是指什么呢？

稻盛：比如说理化学研究所的小保方晴子关于 STAP 论文的撤回事件。我也只是听了一些新闻报道，但我认为可能正是因为对小保方晴子的研究成果有太多的期待，所以给了她很大的压力，这最终导致研究所自身陷入了非常混乱的局面。我在年轻的时候也是每天都在做实验、搞研发，而实际上真要实现什么发明或者发现，首先需要做实验的人有一颗纯洁无瑕的心，需要带着这种纯粹的心，对实验中出现的各种现象进行提炼，最终提取出其中所隐藏的真理。进行的实验越多，就越会出现更多的杂音和干扰，以及一些让我们产生混乱的现象，但我们必须慎重地从中抽取出真正的真理。尤其是在生命科学这样神仙管辖的研究领域，只要我们的内心稍微掺杂上一丝一毫的名利心等这样的私心，我们的心只要稍稍有一点点不纯，我觉得在我们研究的方向上就会出现非常重大的偏差。

山中：现在我们研究者都就像稻盛先生所说的那样，一门心思只是想探求其中的真相。所以我们总是对学生讲不允许带有任何偏见。比如如果自己非常希望得出某种结果，那结果出来的时候看上去就很可能觉得的确是得到了那个结果，而实际上却不一定。所以我们强调结果无论是黑是白都可以，对我们来讲，探究真相才是我们最重要的任务。从我自身的经验上看，实验结果出来之后，哇，我完成了世纪大发现啊，但还没兴奋多久，刚刚过了两周之后却发现我实际上是犯了个重大的错误，这样的经验有过好多次。所以我现在首先会对我自己进行怀疑。在高桥君拿着做成了的 iPS 细胞过来向我汇报的时候，我跟他说："高桥同学，不要高兴得太早，可能这里面是哪个地方出了问题。"然后就让他又进行了很多遍实验，也又成功了很多遍，这才开始想：看样子这次应该是真的成功了？后来慢慢地，我才确认我们真的成功了，但实际上在心里的某个角落里，还是有点担心。从经验上来看，直到最后才确认不是我的误解的，只有这一次。

稻盛：我想正是因为山中老师和高桥君在 iPS 细胞的研究上有着纯粹的心，动机至善，所以才最后获得了如此巨大的成功。我认为宇宙巨大无穷，包罗万象，却总是有一种东风，它会引导所有的事物向善的方向发展。如果我们想做成某件事情，那么只要能够借到这股东风，就能扬起我们的风帆，让这股东风推动我们向前。因为这股东风是将所有的事物都向善的方向引导，所以我们在扬帆起航的时候，我们所扬起的帆必须是纯粹的心、善良的心、利他的心，否则是不能借到这股东风的。一切为了自己，为了自己的利益无所不为的利己主义的帆，因为其出发点并不是为了大家，我认为这种人是无法乘上这股善的东风的。自从京都奖设立到现在这 30 年来，之所以一直在宣扬“不仅仅科学技术需要进步，人类的精神也需要不断地深化，这两者实现真正的平衡，非常重要”，就是因为我们坚信刚才所说的道理。

山中：说起风来，我不禁想到跑马拉松的事情。为了参加马拉松，我经常沿着鸭川岸边跑步，基本上都是跑几个来回。因为是在河边，风还是比较大的。从我的感觉上来讲，多数情况下向鸭川的上游跑的时候是逆风，而往回跑，向下游跑的时候是顺风。不过当然也有相反的时候，就是向上游跑的时候是顺风。但时间长了，我在跑步的时候，经常会忽略掉风的存在。有时候跑的速度比较快的时候，心里就会想：哦，今天我的精神状况和身体状况都很好，所以跑得比较快。而当我调过头来向后跑的时候，由于风向变成了逆风，跑起来就非常吃力，而我会去怪罪风太强。但现在想想，同样都是那股风，刚才跑过来的时候因为方向相同，所以推着自己向前，而现在是因为自己的方向改变了，所以风就变成了逆风。作为跑步的人，我本来应该感谢风刚才助推我前行的，然而却总是会忘记。

稻盛：实际上我们每个人都是在自己不知道或者察觉不到的地方受到了很多的支持和帮助。这也许就是人生吧。仔细想想，这个世上完全靠自己的力量能够完成的事情，其实并不多，基本上都是些不借助别人的帮助根本不可能完成的事情。所以为了能够顺利地利用别人的帮助和支持这股东风，我们必须要清澈自己的内心，让我们自己拥有一颗与人为善的美好的心。

我非常喜欢英国的一位思想家——詹姆斯·爱伦（James Allen），他曾经说过这样一句话："人的心灵就像是个庭园，对于这庭园，既可以理智地耕耘，也可以放任它荒芜。但无论是耕耘还是荒芜，庭园里总是会长出什么。如果你自己没有在庭园里播种美丽的花草，那么无数杂草的种子就会自己飞来，茂盛的杂草将占满你的庭园。出色的园艺师会翻耕庭园，除去杂草，播种美丽的花草，并不断地培育它们。同样，如果我们想要一个美好的人生，我们就必须翻耕自己心灵的庭园，将不纯的、错误的思想一扫而光，然后栽上清纯的、正确的思想，并持续地培育下去。”(摘自《“原因”和“结果”的法则》)

所以我想我们人类的心灵，只要稍有怠慢，可能就会变得荒芜。尤其是在我们进行一些关系人类进步的重大实验的时候，研究者的心灵必须是清纯的，必须带着一颗纯粹的心来从事各项实验工作。

山中：清澈我们自己的心灵，原来如此。

稻盛：接下来的这个时代，无论是研究者，还是技术人员，抑或是经营者，只要是在时代最前沿活跃的人，都会遇到一些关系人类未来的重大抉择。在我们面临这些困难抉择的时候，比起强大的研究能力或经营能力，可能我们更需要一流的哲学，更需要作为一个人的正确价值观吧。虽然像我们这样的人不可能在很短的时间里就能变成圣人君子，但我们可以确立好我们自己的目标，每天一边不断地反省自身，一边踏踏实实地一步一步地朝着自己的目标迈进。要探求真理，就必须要有高度优秀的哲学做支撑。

山中：这次能有幸获得与稻盛先生对谈的机会，这对我今后的人生来讲，真的学到了很多重要的教诲。为了让自己也能有一点高度优秀的哲学，我必当更加努力地磨炼自身。真的是受教了，非常感谢。

后　记

为了本书的出版，我非常荣幸地得到了一次与山中伸弥老师对谈的机会。山中伸弥老师曾经获得过京都奖，更获得过诺贝尔奖，是我内心一直尊敬的一位研究者。在本次对谈中，从山中老师那里了解了以 iPS 细胞为代表的最先进的医疗技术和生命科学最新的发展状况，让我对科学技术的飞速进步感到巨大的震撼。

在现代科学技术的飞速发展和推动下，以前从来没有人敢想象的研究成果和新技术等都一个个地被开发出来，这也让我们的生活变得更加便利和丰富。看着这个充满类似于魔法一样的各种科学技术的社会，我真的有“人类已经将手伸进了神仙管辖的领域”的这种感觉。

但是，这样最先进的科学技术的不断发展，虽然在延长着人类的寿命，在提高着我们的生活水平，但也开始慢慢地将人类推向深的危机。比如类似于克隆技术和基因诊断技术等这样威胁生命尊严的新技术，也正在不断地诞生着。

在这样的现实面前，那些能够驱使魔法的科学家和技术人员，或者是那些正在利用这些先进技术的人，只要心里存有一丝一毫的错误的思维方式，人类就可能真的会走向灭亡。也许，我们已经进入了这么一个新时代，在这个时代里，在使用这些先进科学技术的时候，需要对使用的人和用途进行限制，我们需要确立一种能够规范“为什么用，如何用”的哲学。

那么，我们应该如何在我们的内心建立起我们的哲学呢？通过这次对谈，我确信我们的内心必须要有“为了世人、为了他人而努力”这种诚挚的心灵和志向。

看着山中老师，看着他那带着崇高的志向在严峻的国际研发竞争中努力地坚守在最先进的研究领域里的身影，我内心受到了极大的震撼。今后，作为正在利用越来越先进的科学技术的人类，我们的责任也会越来越重，而为了真正负起这种责任，我们也必须坚持不断地努力，提高自己的心性，在我们内心确立起高度优秀的哲学和伦理。

京都奖有一条理念这样说：“今后，人类的未来，只有在科学的发展和人类精神的深化这两者之间取得平衡的条件下才能获得真正的安定。”而在我们的现代社会，这种平衡却已经岌岌可危。为了能够维持这种平衡，我深深地祈祷人类精神和伦理的深化，也能尽快跟上科学技术发展的步伐。

稻盛和夫

本书虽然采用的是亲切的对谈的方式，却充满了科学技术进步和人类所应有的姿态等这样既深刻又丰富的内容。我真心希望广大的读者朋友，能以阅读本书为契机，来积极思考我们现代社会的各种问题，并实现更加幸福、更加充实的人生。

稻盛和夫

2014 年 8 月

最新版

“日本经营之圣”稻盛和夫经营学系列

任正非、张瑞敏、孙正义、俞敏洪、陈春花、杨国安　联袂推荐

序号	书号	书名	作者
1	978-7-111-63557-4	干法	[日]稻盛和夫
2	978-7-111-59009-5	干法（口袋版）	[日]稻盛和夫
3	978-7-111-59953-1	干法（图解版）	[日]稻盛和夫
4	978-7-111-49824-7	干法（精装）	[日]稻盛和夫
5	978-7-111-47025-0	领导者的资质	[日]稻盛和夫
6	978-7-111-63438-6	领导者的资质（口袋版）	[日]稻盛和夫
7	978-7-111-50219-7	阿米巴经营（实战篇）	[日]森田直行
8	978-7-111-48914-6	调动员工积极性的七个关键	[日]稻盛和夫
9	978-7-111-54638-2	敬天爱人：从零开始的挑战	[日]稻盛和夫
10	978-7-111-54296-4	匠人匠心：愚直的坚持	[日]稻盛和夫 山中伸弥
11	978-7-111-57212-1	稻盛和夫谈经营：创造高收益与商业拓展	[日]稻盛和夫
12	978-7-111-57213-8	稻盛和夫谈经营：人才培养与企业传承	[日]稻盛和夫
13	978-7-111-59093-4	稻盛和夫经营学	[日]稻盛和夫
14	978-7-111-63157-6	稻盛和夫经营学（口袋版）	[日]稻盛和夫
15	978-7-111-59636-3	稻盛和夫哲学精要	[日]稻盛和夫
16	978-7-111-59303-4	稻盛哲学为什么激励人：擅用脑科学，带出好团队	[日]岩崎一郎
17	978-7-111-51021-5	拯救人类的哲学	[日]稻盛和夫 梅原猛
18	978-7-111-64261-9	六项精进实践	[日]村田忠嗣
19	978-7-111-61685-6	经营十二条实践	[日]村田忠嗣
20	978-7-111-67962-2	会计七原则实践	[日]村田忠嗣
21	978-7-111-66654-7	信任员工：用爱经营，构筑信赖的伙伴关系	[日]宫田博文
22	978-7-111-63999-2	与万物共生：低碳社会的发展观	[日]稻盛和夫
23	978-7-111-66076-7	与自然和谐：低碳社会的环境观	[日]稻盛和夫
24	978-7-111-70571-0	稻盛和夫如是说	[日]稻盛和夫
25	978-7-111-71820-8	哲学之刀：稻盛和夫笔下的“新日本 新经营”	[日]稻盛和夫

“日本经营之圣”稻盛和夫经营实录（共6卷）

跨越世纪的演讲实录，见证经营之圣的成功之路

书号	书名	作者
978-7-111-57079-0	赌在技术开发上	[日]稻盛和夫
978-7-111-57016-5	利他的经营哲学	[日]稻盛和夫
978-7-111-57081-3	企业成长战略	[日]稻盛和夫
978-7-111-59325-6	卓越企业的经营手法	[日]稻盛和夫
978-7-111-59184-9	企业家精神	[日]稻盛和夫
978-7-111-59238-9	企业经营的真谛	[日]稻盛和夫